KB043841

# PSYCHOLOGY

# IN MINUTES

# 심리학

**마커스 위크스 지음 ┃ 신승미 옮김**

arte

# / 차례

# 서문

심리학 이야기는 고대 그리스에서 시작된다. 플라톤과
아리스토텔레스는 인간이 체험하고 지각하고 생각하는
능력에 대해서뿐만 아니라 불멸의 영혼이 존재하는지에
대해서도 논쟁을 벌였다. 사실 '심리학psychology'이라는
말 자체가 '영혼'과 '정신'이라는 뜻을 둘 다 지니는 고대
그리스어 프시케psyche에서 파생되었다. 프시케에 대한 연구는
비교적 최근까지도 철학의 탐구 영역이었다. 심리학을
개별적인 주제로 언급한 첫 문헌은 17세기에 발견된다.
컬페퍼는 『완전한 약초Complete Herbal』에서 이 분야를 '영혼에
대한 지식'이라고 정의했다. 1712년에 커즌은 '심리학은 인간
정신의 구조와 기능과 감정을 조사한다'며 심리학의 현대식
개념에 한층 가깝게 설명했다.

오늘날 심리학은 정신과 행동을 다루는 과학적인 연구로
간주된다. 심리학은 철학에 뿌리를 둔다고 볼 수 있지만,
사실상 생리학과 의학과 사회과학의 요소들을 모두
아우른다. 심리학은 19세기 말에 새롭게 생겨난 신경 과학
분야 및 사회학 분야와 더불어 하나의 독립적인 과학 분야로
등장했으며 현재에도 두 분야와 밀접한 관계를 가지고 있다.

인간의 정신과 행동은 복잡하고 예측할 수 없다. 20세기에 들어서자 심리학에 접근하는 다양한 방법들이 나왔으며, '정신과 행동에 관한 연구'가 광범위하고 다채로운 영역이라는 점이 분명해졌다. 일부 심리학자들은 자연과학을 다루듯이 심리학에 접근해 연구실에서 관찰과 실험을 했다. 다른 심리학자들은 심리학을 정신에 이상이 있거나 행동에 문제가 있는 사람들에게 도움을 줄 수 있는 임상 과학으로 여겼다. 또한 여러 분과가 생겨나서, 사회집단 내 사람의 행동이나 성장하면서 정신이 발달하는 과정, 우리를 저마다 고유한 특성을 지닌 개체로 만드는 요소까지 연구했다.

오늘날 심리학은 이 모든 분야를 포함하며 정신이 작용하는 방식, 우리를 둘러싼 세상에서 행동하고 반응하는 방식을 조사한다. 심리학은 정신 작용에 대한 정보를 제공할 뿐만 아니라, 다른 과학과 마찬가지로 임상 치료부터 사회정책에 이르는 다양한 영역에 적용된다. 한마디로 심리학은 대단히 광범위하며 아주 매혹적인 주제이다.

— 마커스 위크스

# 심리학의 선도자들

자연과학(천문학, 물리학, 화학, 생물학, 지구과학)은 세상의 본질에 대한 철학적인 사색에서 진화했지만, 우리가 생각하고 행동하는 방식에 대한 과학적인 연구는 19세기에 이르러서야 비로소 시작되었다. 이렇게 된 이유는 다른 사람의 정신 속에서 벌어지는 작용과 현상에 직접 접근할 수 없기 때문에 정신철학이 자기 성찰을 중심으로 이루어지는 경향이 있었고, 진정한 과학의 요소인 객관성이 부족했기 때문이다.

게다가 뇌에 대한 물리적 연구는 (객관적으로 볼 때 과학적이기는 했지만) 우리가 생각하고 행동하는 방식을 거의 밝혀내지 못했다. 주로 독일을 중심으로 일부 생리학자들이 정신의 작용에 대한 연구로 관심을 돌렸고, 거의 비슷한 시기에 특히 미국에서 철학자들이 정신철학에 과학적 접근법을 보다 엄격하게 적용했다. 이처럼 서로 다른 두 가지 접근법으로부터 심리학이 새로운 과학 분야로 등장해 철학과 생리학 사이의 간극을 메웠다.

# 정신과 뇌

많은 문화권에서 신체와 별도로 (대체로 불멸의) 영혼이 존재한다고 믿는다. 그리스 철학자들은 생각하는 능력의 근원이 영혼 혹은 프시케라고 여겼으며, 오늘날 이를 정신이라고 부른다. 아리스토텔레스와 그의 추종자들은 신체와 영혼을 떼어 놓을 수 없는 관계로 본 반면에, 플라톤은 영혼이 우리의 신체가 서식하는 물질 세계와 분리된 영원한 이데아의 세계에 속한다고 믿었다.

세월이 흘러 특히 이슬람의 학자인 아비센나와 위대한 수학자이자 철학자인 르네 데카르트 같은 철학자들은 무형의 정신과 유형의 신체가 서로 분리된 독립체들이라고 주장했다. 1949년에 길버트 라일은 이러한 정신-신체 이원론에 이의를 제기하면서, 독립적으로 존재하는 영혼이나 정신을 '기계 속 유령'으로 보는 발상을 일축했다. 최근에 등장한 컴퓨터 기술은 유용한 비유를 제시했다. 뇌와 정신을 뚜렷이 다르면서도 상호 의존적인 하드웨어와 소프트웨어로 보게 된 것이다.

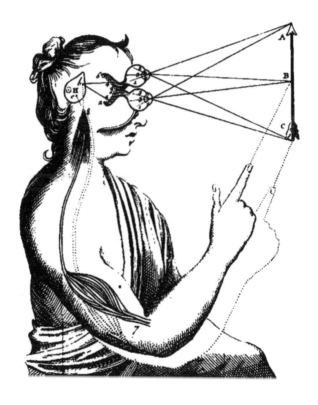

# 신경 과학

　19세기 중반 경, 의학계는 중추신경계의 이상으로
관심을 돌렸다. 장 마르탱 샤르코Jean Martin Charcot를 포함한
초기 신경학자들이 다발성경화증과 같은 증상을 검사하고
설명하는 과정에서 신경계 생리학이 탄생했다. 전환점은
카밀로 골지가 고안한 염색법으로 마련됐다. 염색법
덕분에 현미경으로 개체 세포를 검사할 수 있게 된 것이다.
　현대 신경 과학의 창시자인 산티아고 라몬 이 카할Santiago
Ramón y Cajal은 골지의 염색법을 사용해서 신경계와 뇌의
신경세포(현재 뉴런이라고 불림)를 파악하고 분류했다. 이후의
연구는 뉴런들이 전기 화학 신호를 통해서 서로 '소통'해
정보를 감각기관에서 뇌로 전달한다는 사실을 증명했다.
또한 뇌 속 뉴런들 사이의 전기 화학적인 움직임이
정신 작용과 관련이 있다는 점이 밝혀졌으며 이어서
생리학적으로 심리학에 접근하는 방법이 등장했다.

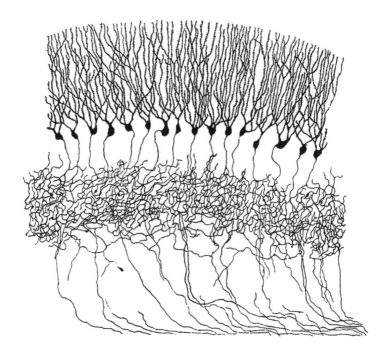

신경 과학의 초창기에 스페인의 신경학자인 산티아고 라몬 이 카할이 그린 뇌 속
신경세포들의 모습.

# 최면

　독일의 의사 프란츠 메스머Franz Mesmer는 18세기 후반에
자석을 이용해서 환자의 '동물 자기'(인간 체내에 있는 미지의
에너지로, 이것이 상대방에게 전달되어 최면이 일어난다고 함. 옮긴이)에
균형을 회복하는 요법으로 일약 유명해졌다. 동물 자기
최면술이라 알려진 이 치료를 하는 동안 몇몇 환자들이
최면과 같은 상태에 빠져들었으며 이후 증상이 개선되었다고
주장했다. 메스머와 동시대에 포르투갈 식민지 고아의
수도사 아베 파리아는 환자를 암시에 쉽게 빠져들게 하는
열쇠는 자석이 아니라 '자각 수면'임을 깨달았다. 암시에
잘 반응하도록 유도하는 파리아의 기법은 19세기에 치료와
오락, 두 측면에서 상당한 관심을 받았다. 후에 외과 전문의
제임스 브레이드는 이 기법에 '최면'이라는 이름을 붙였다.
선구적 신경학자인 장 마르탱 샤르코는 최면술을 히스테리
치료의 일환으로 사용했으며, 그의 제자들인 요제프
브로이어와 지크문트 프로이트가 이 방식을 계승했다.
프로이트는 최면술을 사용하다가 '대화 치료' 및 무의식
이론과 정신분석 이론을 개발하게 된다〔pp. 142~146〕.

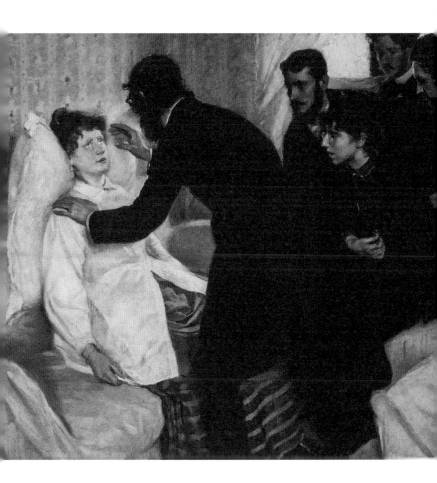

# 질병

유사 이래 정신 질환은 늘 의심과 두려움의 대상이었다. 대체로 심각한 정신 질환은 귀신 등에 홀려서 생겼다고 여겨졌다. 반면에 우울증과 같은 질환은 기분이 균형을 잡지 못해서라고 생각했고, 히스테리는 자궁의 문제 때문이라고 봤다. 오랜 세월 사람들은 이런 증상을 치유할 수 없다고 여겼다. 환자들은 '미쳤다'는 낙인이 찍힌 채 악명 높은 베들램 같은 정신병원에 갇혔다.

샤르코와 같은 신경학자들은 많은 정신 질환이 사실 신체에 원인이 있는 질병이라고 믿었다(p.12). 이런 생각은 에밀 크레펠린Emil Kraepelin 을 비롯한 의사들에게로 이어졌다. 크레펠린은 1883년에 출간한 『정신의학 교과서』에서 뇌의 기형이 원인이라고 설명한 '조발성 치매증'(조현병)을 포함한 각종 정신 질환을 자세하게 분류했다. 크레펠린은 현대 정신의학 분야(p.324)를 비롯해 의학의 분류와 정신 질환 치료의 토대를 놓았다.

히에로니무스 보스의 1494년 작품 〈돌 수술〉은 의사가 정신 질환에 시달리는
환자의 머리에서 '광기의 돌'을 제거하는 모습을 묘사한다. 이 그림은 의사가 정신
질환의 원인이 육체적인지 정신적인지 심리적인지 전혀 모르고 있음을 암시한다.

# 실험심리학의 시작

심리학이 개별적인 과학 분야로 정착되는 과정에서
가장 저명한 인물은 독일의 생리학자인 빌헬름 분트Wilhelm
Wundt였다. 분트는 의과 대학을 졸업하고 하이델베르크
대학교에서 헤르만 폰 헬름홀츠의 조교로 일하며 인간의
감각 인식을 연구한 후에 심리학에 관심을 갖기 시작했다.
이후에 분트는 라이프치히 대학교에서 심리학을 강의했으며
최초의 심리학 교과서를 출간했고 1879년에 사상 첫
실험심리학 연구실을 열었다.

분트의 목표는 정신 연구에 과학적 방법론을 적용하는
것이었다. 분트의 입장에서 말하자면 의식과 지각의 연구에
과학적 방법론을 적용하는 것이다. 분트는 각종 조건이
꼼꼼하게 통제된 연구실에서 실험 대상들이 다양한 감각에
보이는 반응을 관찰하고 측정했으며 실험 대상들이 보고한
경험에 주목했다. 통제와 복제가 가능한 실험을 꿋꿋하게
고수한 분트의 소신 덕에 실험심리학의 기준이 정립되었으며
과학적인 신뢰가 확고히 정착되었다.

# 1 Beginnings of experimental psychology

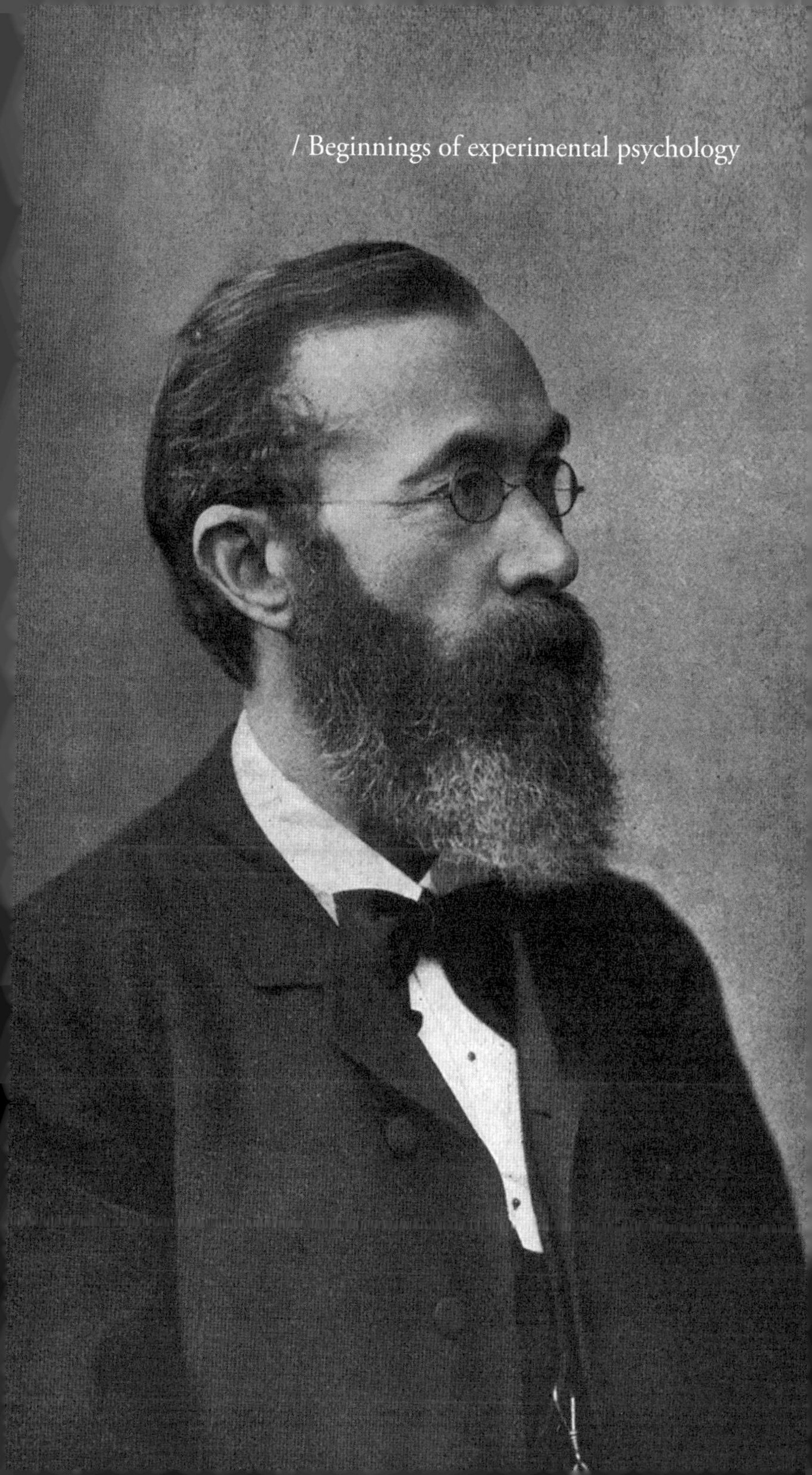

# 파블로프의 개

　심리학의 역사에서 전환점 중 하나는 우연히 일어났다. 그 전환점은 실험심리학자가 아니라 생리학자에 의해 나타났다. 1890년대에 러시아의 이반 파블로프는 개를 대상으로 위 계통의 물리적인 작용을 연구하던 중에 소화에서 침의 역할을 알아내려고 개의 침을 모아서 측정하는 방법을 고안했다. 파블로프는 침의 분비가 눈에 보이는 먹이에 대한 반응만이 아님을 알아챘다. 개는 먹이를 기대하거나 먹이를 생각(심리적인 자극제)할 때에도 침을 흘렸다.

　파블로프는 이 현상을 분석하기 위해 실험의 방향을 변경했다가 행동주의의 토대인 조건형성의 원리를 발견했다. 이 원칙은 향후 반세기 동안 심리학을 지배하는 접근법이 됐다(p.46). 또한 파블로프의 실험은 동물의 행동처럼 복잡해 보이는 현상을 단순히 자연 세계에서 관찰하는 것만이 아니라 여러 상황이 통제된 연구실 내에서 하는 실험으로도 연구할 수 있음을 보여 주었다.

# 광범위한 확산

　새로운 과학으로 정착한 심리학은 20세기에 폭넓게
확산되어 사회심리학 및 발달심리학, 개인 차이심리학,
임상심리학으로 갈라졌다. 미국에서는 파블로프의
실험에 자극을 받은 새로운 세대의 심리학자들이 정신
작용을 철학적으로 탐구하는 방식을 거부하고 행동을
과학적으로 연구하는 방식을 선택하게 되었다. 그 사이에
유럽에서는 프로이트의 무의식 이론과 정신분석 이론이
상당한 영향력을 발휘했지만 많은 사람들은 이런 이론들이
비과학적이라고 여겼다.

　특히 독일의 심리학자들은 빌헬름 분트가 개발한
실험심리학의 전통을 따라 인식을 연구했으며
형태심리학(p.110)이라고 알려진 운동을 통해서 행동주의와
프로이트의 정신역학 접근법에 반기를 들었다. 20세기
후반에는 이처럼 행동이 아니라 인지 과정에 중점을 둔
연구가 우세해졌고 더불어 뇌 영상 기술의 발전에 영향을
받은 생물 심리학(p.24)에 대한 새로운 관심이 증가했다.

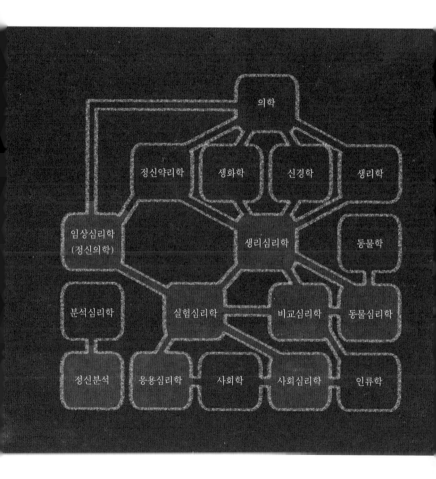

# 생물 심리학

현대 신경 과학(신경계 연구)은 심리학이 독립된 과학
분야로 인정받게 된 때와 거의 같은 시기에 생리학의 한
분야로 등장했다. 신경 과학과 심리학은 밀접한 관계를
가지고 발전했으며, 신경계 및 특히 두뇌의 물리적 작용에
대한 지식이 증가하면서 생물 심리학이라고 알려진 심리학
분과가 탄생했다.

행동 신경 과학, 생리심리학, 정신 생물학으로도 불리는
이런 접근법은 뇌의 구조와 기능이 우리의 정신 작용과
행동에 영향을 주는 방식을 관찰한다. 즉, 신경계의
'하드웨어'와 '소프트웨어' 사이의 관계를 연구한다. 신경
과학의 발전은 과거에 자기 성찰을 통해서만 연구되었던
의식과 지각 같은 정신 작용에 대해 중요한 정보를 제공했다.
더불어 현대 뇌 영상 기술 덕분에 심리학에서 뇌 생리학의
역할을 심도 깊게 이해할 수 있게 되었다.

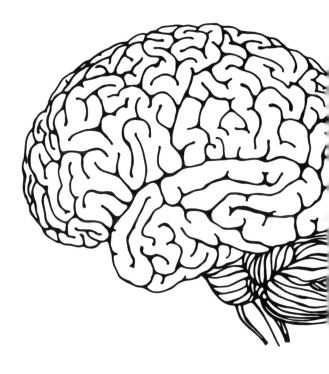

# 뇌와 신경계

전통적으로 심장이 '영혼의 중심'이라는 생각이
지배적이었다. 고대 이집트인들은 뇌가 정신의 터전임을
알았다. 무형의 정신과 유형의 신체가 확실히 분리되어
있다고 믿는 정신-신체 이원론자들조차 뇌는 정신과 신체가
소통하는 지점이라고 여긴다. 데카르트는 정신과 신체가 뇌의
중심에 있는 솔방울샘(좌우 대뇌 반구 사이 셋째 뇌실의 뒷부분에 있는
솔방울 모양의 내분비기관. 옮긴이)에서 만난다고 믿었다. 하지만
생물 심리학의 관점에서 좀 더 적절하게 설명하자면, 뇌와
신경계는 정신적 자아와 신체적 자아 사이가 아니라 우리
자신과 외부 세계 사이의 접점이다.

감각기관에서 수집된 정보가 뇌로 전달되면, 뇌에서 내려진
'명령'이 감각기관으로 돌아가서 우리의 동작과 반응을
통제한다. 뇌의 신경망은 우리가 외부 세계와 상호 작용을
하게 한다. 또한 뇌의 신경망은 들어온 정보를 처리하며,
추론과 의사 결정 같은 사고 과정뿐만 아니라 의식과 경험과
지각과도 관련되어 있다.

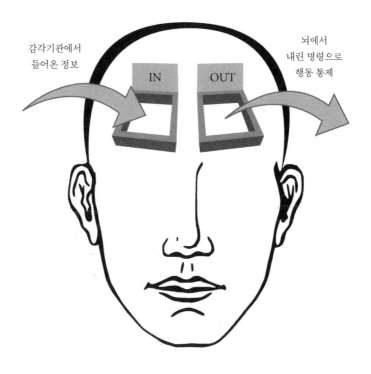

감각기관에서
들어온 정보

IN

OUT

뇌에서
내린 명령으로
행동 통제

뇌는 들어온 정보를 받아서 동작과 반응을 제어하는 '통제 세터'이다.

27

# 신경 연결 통로

　신경세포, 즉 뉴런은 신경계를 구성하는 기본 단위이다.
뉴런은 '점화'된 전기 화학적 자극 형태의 정보를
시냅스(뉴런들이 접합하는 부위에 있는 틈)를 거쳐 전달한다. 전기
화학적 신호는 그 신호를 받는 뉴런을 자극하거나 억제해
메시지를 전달할지 말지 '지시'한다. 이런 선택적인 정보
전달은 독특한 통신 경로인 신경 연결 통로를 만들고, 신경
연결 통로들이 합해져 복잡한 신경망을 구성한다. 사람의
몸에 있는 약 1천 억 개의 뉴런 중 80여 퍼센트가 뇌에 있어
수많은 신경 연결 통로를 형성한다. 뇌의 다양한 기능(감각
체험, 조정 및 운동, 지각과 언어와 추론과 같은 '고차원의 기능')은 각각
뇌의 다양한 영역에서 특정 패턴의 신경 활동을 보여 준다.
최근에 이르러서야 뇌 영상 기술 덕에 신경 과학자들이 신경
활동을 상세하게 조사할 수 있게 됐으며, 우리가 신경 활동의
복잡성에 대해서 배워야 할 점이 여전히 많다는 사실이
분명해졌다.

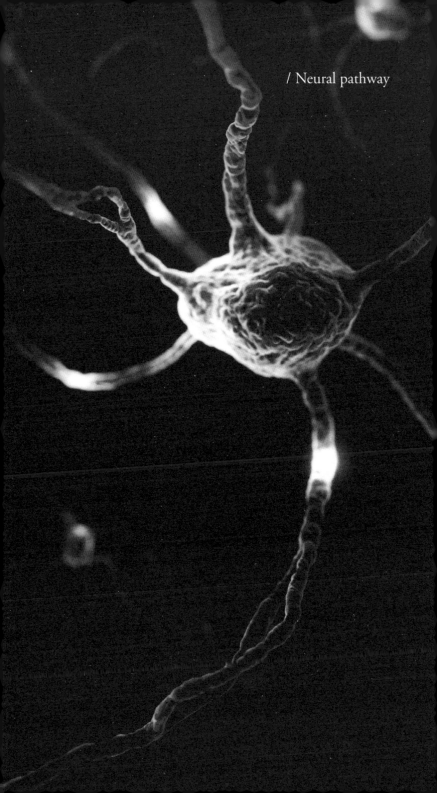

/ Neural pathway

# 감각 처리 과정

우리는 바깥세상에 대한 정보를 눈, 귀, 코, 혀, 피부와 같은 감각기관에서 얻는다. 빛이나 소리와 같은 특정한 외부 자극제에 의해 자극을 받도록 진화한 특수한 신경세포들은 감각 경험의 원료를 제공한다. 자극을 받은 수용세포, 즉 구심 뉴런은 연쇄 반응을 일으킨다. 이웃한 세포를 자극해서 '연합 뉴런'을 따라 중추신경계와 뇌에 이르는 신경 연결 통로를 생성하게 한다. 뇌에서 나온 신호는 비슷한 통로로 이동해 근육을 자극하고 신체의 움직임을 통제한다.

보통 우리는 이런 과정을 인식하지 못한다. 그렇지만 뇌졸중 등으로 뇌가 손상되면 완벽하게 건강한 신체 부분이라도 사용하지 못하게 될 수 있다. 그 부분으로 신호가 전달되지 않는 것이다. 반대로 팔이나 다리를 절단한 사람은 뇌가 더 이상 존재하지 않는 신경 연결 통로에서 오는 신호를 받는다고 속는 '환각지 현상'을 종종 경험한다.

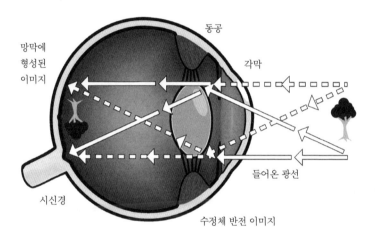

망막에
형성된
이미지

동공

각막

들어온 광선

시신경

수정체 반전 이미지

눈의 뒷벽에 있는 특화된
구심 뉴런은 빛에 민감하다.

# 뇌의 영역

감각기관에서 생긴 전기 화학 '메시지'는 뇌에서 감각으로 경험된다. 각 감각은 각기 다른 종류의 신호를 보내며 마찬가지로 뇌의 각기 다른 영역들이 신호를 처리한다. 이를테면 뇌의 뒤쪽에서는 시각 피질이 눈에서 입수된 정보를 받고 인접한 시각 연합 피질이 그 정보를 분석하고 해석한다.

청각 피질과 감각 피질 같은 다른 영역도 이와 유사한 방식으로 정보를 받고 처리한다. 더불어 언어를 생성하고 이해하며(브로카 영역과 베르니케 영역. p.34), 수의근을 통제하는 기능과 관련된 특수한 영역(일차 운동 피질과 전운동 피질)이 있다. 우리 뇌의 전두엽에는 전전두엽 피질이 있으며 생각과 추론, 성격과 지능, 계획과 의사 결정 같은 고도의 정신 작용과 관련이 있다.

뇌의 기능 영역

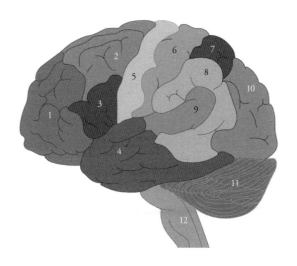

**1. 전두엽**
고도의 정신 작용
예) 집중, 계획, 판단
**2. 운동 기능 영역**
안구 운동과 적응
**3. 브로카 영역**
언어 근육 조정
**4. 측두엽**
단기 기억 및 감정

**5. 운동 기능 영역**
수의근 통제
**6. 감각 영역**
근육과 피부로부터
입수된 감각
**7. 체지각 연합 영역**
촉각과 개체 인식
**8. 베르니케 영역**
언어 이해

**9. 청각 영역**
청력
**10. 시각 피질**
시력
**11. 소뇌**
움직임과 균형과 자세
**12. 뇌간**
불수의근 조정
예) 호흡과 혈압

# 뇌 손상 및 주지점

각종 기능이 뇌에 집중되어 있다는 최초의 물적 증거는 뇌의 특정한 부분이 손상된 환자들을 검사하면서 나왔다. 유명한 사례는 1848년에 왼쪽 전두엽이 상당 부분 손상되는 사고를 당하고도 살아남은 미국의 철도 노동자 피니어스 P. 게이지이다. 게이지는 사고 후 정상적인 생활을 했지만 성격이 완전히 바뀌었다. 몇 년 후, 생리학자 파울 브로카Paul Broca는 심각한 언어 장애를 겪은 환자들의 사체를 부검했으며, 뇌의 특정한 부분(현재 브로카 영역이라고 부른다)에서 손상을 발견했다. 마찬가지로 카를 베르니케Carl Wernicke는 언어의 이해와 관련된 영역을 발견했다. 최근에는 로저 스페리가 간질 환자들을 치료하다가 뇌의 두 반구가 서로 다른 기능을 가지고 있다는 사실을 알아냈다. 각 반구는 반대편 신체에서 오는 감각 정보를 처리한다. 좌뇌는 논리적 분석과 관련되어 있고 우뇌는 창의적 사고를 다룬다. 칼 래슐리의 연구는 뇌의 한 부분이 손상되면 종종 다른 부분들이 해당 기능을 넘겨받기도 한다는 사실을 증명했다.

심리학자 올리버 색스는 『아내를 모자로 착각한 남자』에서 자신의 환자들을
고통스럽게 한 특이한 신경 질환들을 설명했다.

# 의식

　신경계의 생리학에 대한 지식은 감각 정보가 뇌에
들어오고 나가는 방식을 대단히 많이 알려 준다. 그렇지만
우리가 그런 감각을 경험하는 방식과 느끼고 생각하고
움직이는 과정에 대해서는 알려진 점이 비교적 적다.
의식은 정의하기가 어려운 것으로 악명 높고, 의식에 대한
설명은 철학적이고 자기 성찰적인 경향이 있었다. 선구적
심리학자이자 철학자인 윌리엄 제임스(오른쪽 사진)는
1892년에 생각과 지각의 연속 과정을 설명하기 위해 의식의
흐름이라는 말을 만들었다.

　우리는 의식이 있는 상태가 무엇인지 안다. 하지만 다른
사람들의 의식을 어떻게 알아보고 측정할까? 물론 다른
사람들이 자신의 경험을 우리에게 말하면 되겠지만, 이는
우리의 경험만큼이나 주관적이다. 의식의 의학적 기준은
감각 자극에 대한 반응을 바탕으로 하지만, 사람의 자의식에
대해서는 아무것도 알려 주지 않는다. 하지만 다양한 상태에
있는 의식의 뇌 활동에 대한 검사는 어느 정도 실마리를
제공한다.

# 의식이 있는 뇌에서 무슨 일이 일어날까?

  신경 과학의 많은 발전이 뇌전도EEG와 자기 공명 영상MRI처럼 뇌 속의 활동을 검사하는 비침습적 방법의 발명으로 가능해졌다. 얼마 지나지 않아 완전히 깬 상태에서부터 몽상과 옅은 잠과 수면을 지나 마취나 식물인간 상태에 이르기까지 의식에 다양한 단계가 있으며 각 상태에서 전기 활동이 상당히 많이 일어난다는 사실이 발견됐다. 의식에 대한 연구를 개척한 사람은 프랜시스 크릭Francis Crick이다. 크릭은 1995년에 의식이 없는 뇌보다 의식이 있는 뇌의 전전두엽에서 더 많은 활동을 발견했으며 전전두엽이 의식과 관련이 있다고 결론을 내렸다. 그러나 다른 생물 심리학자들은 이러한 의식의 '국지성'에 동의하지 않는다. 주로 기억을 비롯한 일부 정신 기능은 뇌의 단 한 부분에 한정되지 않는다. 특히 줄리오 토노니Giulio Tononi가 제안한 이론에서 의식은 기억과 생각을 다루는 뇌의 다양한 부분들이 서로 연결되어서 생긴다.

/ What's happening in the conscious brain?

# 깨어 있을 때와 잘 때

우리는 하루의 약 3분의 1을 자면서 보내며 대체로 8시간 동안 연속으로 잔다. 물론 많은 문화에서 다른 습관을 보이며, 역사적으로 특정한 시대에는 일상적으로 밤잠을 두 번에 나누어서 잤다는 증거가 있다. 하지만 자고 일어나는 패턴이 어떻든지 간에 일반적으로 규칙적이다. 우리는 이런 일주기성 리듬circadian rhythm을 조절하는 '체내 시계'를 가지고 있는 것으로 보인다.

1962년, 프랑스의 동굴 탐험가 미셸 시프르는 두 달 동안 지상 세계와 전혀 접촉하지 않고 땅속에서 홀로 살았으며, 이때 자연스럽게 25시간 생활 패턴에 빠진다는 사실을 발견했다. 우리는 규칙적으로 자야 하고 이런 생활 리듬이 무너지면 신체적으로나 정신적으로 해롭다는 점은 분명하다. 시차로 인한 피로, 교대제 근무자에게 재발되는 질병, 고문의 수단으로 사용되는 수면 박탈은 이런 영향을 충분히 보여 준다. 그렇지만 심리학자들 사이에서 수면의 목적이 신체와 정신을 회복하는 것인지, 아니면 다른 진화적 기능이 있는지에 대해 의견이 분분하다.

자정

가장 깊은 수면

멜라토닌 분비 시작

체온 최저

체온 최고

혈압 최고조

오후 6:00

오전 6:00

심혈관 효율 및
근력 최고조

멜라토닌 분비
정지

반응 속도 최고

테스토스테론 분비
최고조

조정력 최고

민첩성 최고조

정오

41

# 자는 동안 무슨 일이 일어날까?

　자는 동안 우리는 비교적 활동도 하지 않고 외부 세상에
대한 인식도 제한하지만, 뇌는 계속 활동하는 중이다. 우리는
반복되는 주기로 의식의 여러 단계를 거친다. 잠이 들면
연속적으로 더 깊은 수면 단계로 빠르게 빠져드는데, 약 90분
후에는 이 과정이 반전되어 뇌 활동이 깨어 있는 상태의 뇌
활동과 유사한 지점까지 이른다. 이 단계의 특징은 급속한
안구 운동REM이지만, 뇌가 대단히 활동적이라도 몸의 근육은
마비되어 있고 잠을 깨우기가 어느 단계에서보다 어렵다.
일반적으로 우리는 매일 밤 렘 수면과 비렘 수면이 번갈아
생기는 3~4개의 주기를 거치며, 비렘 수면 기간은 갈수록
짧고 얕아지는 반면에 렘 수면 기간은 길어진다. 우리가 꿈을
꾸는 때는 렘 수면 동안이다. 렘 수면의 박탈은 '렘 반동REM
rebound'(수면 주기의 후반에 렘 수면이 더 길고 자주 일어나는 현상)의
원인인 것으로 드러났으며, 이는 수면의 목적 중 하나가 꿈을
꾸는 것, 생각을 정리하고 뇌가 새로운 입력을 받아들일
준비를 하는 것임을 말해 준다.

## / What happens when we are sleeping?

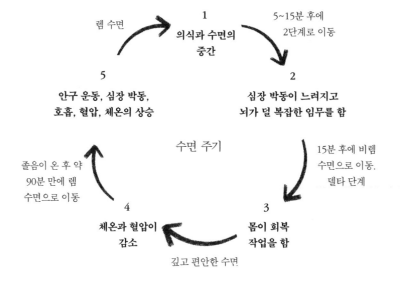

렘 수면

**1**
의식과 수면의
중간

5~15분 후에
2단계로 이동

**5**
안구 운동, 심장 박동,
호흡, 혈압, 체온의 상승

**2**
심장 박동이 느려지고
뇌가 덜 복잡한 임무를 함

수면 주기

15분 후에 비렘
수면으로 이동.
델타 단계

졸음이 온 후 약
90분 만에 렘
수면으로 이동

**4**
체온과 혈압이
감소

**3**
몸이 회복
작업을 함

깊고 편안한 수면

# 동기: 욕구와 충동

생존을 위해 생리적으로 필요한 욕구(숨 쉴 공기, 음식과 음료, 온기, 집, 포식자로부터의 보호)가 있을 뿐만 아니라 우리 행동에 영향을 미치는 심리적 충동도 있다. 생리학자 월터 캐넌은 이를 안정된 균형을 찾으려는 몸의 욕구라는 말로 설명했다. 그래서 우리는 공복이라는 신체적 욕구에 의해 먹어야겠다는 충동에 빠진다. 심리학자 클라크 헐은 이 발상을 개선해서 1943년에 '추동 감소 이론drive reduction theory'을 내놓았다. 우리의 모든 행동은 일차적 욕구로 생긴 충동을 만족시키기 위해 일어난다는 것이다.

다른 심리학자들은 우리가 생리적인 욕구 이상의 것을 가지고 있음을 알아냈다. 우리의 행동은 복잡하며, 사회적 욕구와 인지적 욕구를 만족시키기 위한 다양한 심리적 충동의 영향을 받는다. 1943년, 에이브러햄 매슬로는 결핍을 채우고 생존하려는 기본적인 신체적 욕구에서부터 안전해지려는 욕구, 친구와 가족과 애정을 갈구하는 욕구, 자아 존중과 성취의 욕구에 이르는 인간 욕구의 단계를 구분했다〔pp. 170, 172, 354〕.

인간의 동기는 복잡하며 기본적인 생리적 필요성부터 '고차원'인 심리적 욕구(예를 들어 사람들을 매일 같이 출근하게 하는 사회적 충동)에 이르기까지 다양하다.

# 행동주의

　　행동주의 접근법은 심리학을 진정한 과학 분야에
정착시키려는 갈망에서 발생했다. 20세기 초반에
심리학자들은 정신에 대한 철학적 사색을 멀리하고 심리의
구조를 연구하는 객관적인 방법을 확고히 하려고 노력했다.
미국의 많은 심리학자들은 정신이 행동을 통해 세상과 상호
작용하는 양상을 관찰하면 정신을 이해할 수 있다고 믿었다.
　　행동주의 접근법의 핵심은 행동이 자극에 대한 반응이라는
생각이었으며, 이 개념은 생리학자 이반 파블로프의 실험으로
강화되었다〔p. 20〕. 특히 동물을 이용한 생리학의 실험 방법은
행동주의 심리학자들에게 체계를 제공했는데, 더 중요한 점은
파블로프의 연구가 행동주의에 중심 주제, 즉 조건형성의
원리〔p. 50〕를 제공했다는 것이다. 행동주의 심리학은 인간과
동물의 행동에 대한 연구는 물론이고 자극을 통해서 행동을
배우고 조건에 의해서 반응하는 과정에 대한 이론으로도
발전했다.

# 객관적인 접근법

심리학을 과학의 한 분과로 인정받게 하는 데 중요한
걸림돌은 정신의 추상적인 속성이었다. 심리학자들은
심리학의 과학적 신뢰성을 인정받기 위해서 관찰과
실험을 비롯한 과학적 방법론을 도입해야 했다. 우리가
직접적으로는 자신의 정신에만 접근할 수 있기 때문에 정신
작용의 관찰은 자기 성찰적이고 불가피하게 주관적이다.
하지만 과학은 객관적인 접근법을 요구한다.

행동주의 심리학자들이 적용한 해결책은 정신의 작용을
조사하려고 시도하는 것이 아니라 정신의 작용이 행동으로
드러난 양상을 관찰하는 것이었다. 엄격하게 제어한
실험실 조건에서는 동물과 인간의 행동을 관찰할 뿐만
아니라 특정한 상황에 대한 동물의 행동 반응도 검사할
수 있다. 이런 객관적인 과학적 접근법 덕분에 행동주의
및 행동주의의 자극과 반응 이론들이 20세기 중반까지
실험심리학을 장악했다.

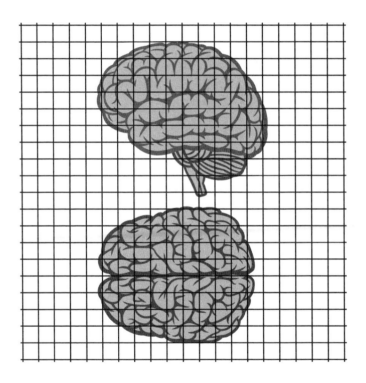

# 고전적 조건형성

    미국 행동주의 운동을 추동한 힘은 미국인도 심리학자도
아니었다. 이반 파블로프는 개가 먹이라는 자극에 침을
흘리는 반응을 연구하는 러시아의 생리학자였다. 파블로프의
실험에서 먹이를 주면 개는 침을 흘렸는데, 시간이 흐르면서
파블로프는 개가 실험실 조수를 먹이와 연관짓도록 학습하면,
그 조수를 보고 침을 흘린다는 점을 알아챘다. 파블로프는
이 점이 물질적 자극이 아니라 심리적 자극에 대한
반응이라고 추론했다. 파블로프는 개에게 먹이를 줄 때마다
종을 울렸는데, 개는 먹이가 보이지 않고 종소리만 들려도
침을 흘렸다. 파블로프가 조건형성이라고 일컬은 과정의
결과였다. 조건형성 전, 먹이는 무조건자극에 해당했으며
침이라는 무조건반응을 촉발했다. 종을 울리는 중립 신호는
아무런 반응도 일으키지 않았다. 조건형성 동안, 먹이와
종은 동일한 무조건반응을 촉발했다. 하지만 조건형성 후,
종(조건자극)만으로도 침을 흘리는 조건반응을 유발했다.

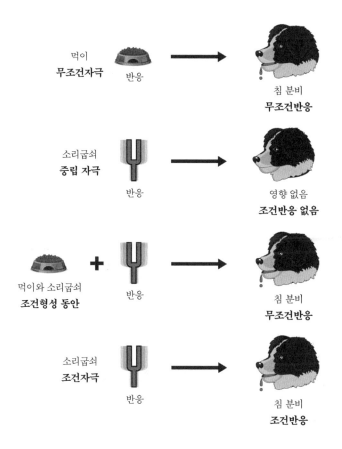

먹이
**무조건자극**　반응　　　　　　　　　침 분비
**무조건반응**

소리굽쇠
**중립 자극**
반응　　　　　　　　　영향 없음
**조건반응 없음**

먹이와 소리굽쇠
**조건형성 동안**　반응　　　　　　　　침 분비
**무조건반응**

소리굽쇠
**조건자극**
반응　　　　　　　　침 분비
**조건반응**

# 퍼즐 상자

  미국의 심리학자 에드워드 손다이크 Edward Thorndike 는
실험적 행동주의 심리학의 개척자였다. 손다이크는 실험실
동물의 행동을 연구하기 위해 직접 만든 미로 장치인 '퍼즐
상자'를 이용한 실험을 고안해서 새로운 장을 열었다.
손다이크는 이 과정에서 파블로프의 선례를 따랐지만,
실험 결과는 조건형성의 원리에 대한 색다른 해석으로
이어졌다〔p.54〕.

  전형적인 실험을 예로 들자면 배고픈 고양이를 퍼즐
상자(문의 걸쇠를 푸는 단순한 지렛대가 안에 설치된 우리)에 넣었다.
그리고 나서 먹이 그릇을 고양이가 볼 수 있는 상자 밖에
두었고, 고양이가 먹이를 발견하고 지렛대를 움직이는
시간을 기록했다. 실험은 여러 고양이를 대상으로 했으며
시간 간격을 두고 반복되었다. 파블로프의 연구는 개가 중립
신호를 자극과 연관하도록 훈련하는 과정이 포함된 반면에,
손다이크의 퍼즐 상자는 실험 대상인 고양이가 어떤 행동이
보상을 유발하는지를 스스로 발견하도록 고안되었다.

에드워드 손다이크의 퍼즐 상자

줄을 당기면
작은 문이 열림

작은 문

보상

# 긍정적·부정적 조건형성

    손다이크의 실험은 이후 실시된 거의 모든 행동주의 실험에 본보기가 됐다. 통제된 조건에서 실험 대상에게 특정한 자극이나 임무를 주는 모형은, 두 자극들 사이의 연관성이 조건반응을 이끌어 내는 (파블로프의) '고전적' 조건형성과는 대조적으로, '도구적 조건형성'으로 알려졌다.

    손다이크는 갈수록 복잡해지는 퍼즐 상자의 실험을 반복하다가 향후 행동주의의 기본 원칙이 되는 것을 발견했다. 고양이들은 처음에는 주어진 환경을 탐험하다가 탈출 방법을 우연히 찾았지만, 반복된 실험에서 탈출 방법을 찾는 시간이 점차 짧아졌다. 손다이크는 고양이들이 행동과 결과의 관계를 서서히 알아내 원하는 결과를 유발하는 행동을 반복했고(긍정적 조건) 원하는 결과를 유발하지 않는 행동을 반복하지 않았다고(부정적 조건) 결론을 내렸다. 손다이크의 말을 빌자면, 보상을 받지 못한 행동은 근절되었고 보상을 받는 반응은 수용되었다.

동물들은 먹이를 받기 위해 지렛대를
작동하면서 자신들의 행동의 결과를
학습한다.

# 영향의 법칙

1905년, 손다이크는 실험에서 발견한 내용을 이른바 영향의 법칙으로 공식화했다. 영향의 법칙은 종종 이렇게 기술된다. 특정한 상황에서 만족스러운 결과를 일으키는 행동은 동일한 상황에서 반복되고, 불쾌한 결과를 초래하는 행동은 반복되지 않는다. 사실 이러한 기술은 전체 이야기의 절반에 불과하다. 손다이크는 반응과 결과 사이의 연상 작용을 강조했으며, 보상을 유발하는 행동인지 혹은 아닌지에 따라서 연상 작용이 강해지거나 약해진다.

결과가 만족스러우면 연상 작용이 강해지겠지만, 결과가 불쾌하면 연상 작용은 약해질 것이다. 게다가 연상은 많이 사용할수록 강해질 것이다. 후에 손다이크는 보상을 받은 행동에서 생기는 만족의 양이 보상을 받지 못한 행동에 생기는 불만의 양과 사실상 동일하다는 이론을 세웠지만, 실제로는 보상이 실패나 체벌보다 행동에 영향을 더 미친다는 점을 발견했다.

한 번 혼나면,
두 배로 조심한다.

# 행동주의 선언

　1913년, 존스 홉킨스 대학교의 심리학과장인 존 B. 왓슨은
후에 '행동주의 선언'으로 알려지는 강의를 했다. 왓슨은 이
강의에서 '정신 상태에 대한 모든 이야기'의 폐기를
주창했으며 진정으로 과학적인 심리학은 행동에 대한
연구라고 주장했다. 왓슨의 태도는 극단적이었지만
영향력이 있었고 적어도 미국에서는 정신이 아닌 행동에
대한 연구로서의 심리학을 정착시켰다. 왓슨은 정신 상태를
객관적으로 연구하기가 불가능하다고 여겼을 뿐만 아니라
'정신 생활'이 존재하지 않는다고 믿었다. 이런 이유로 왓슨은
연상의 학습 과정을 강조하는 영향의 법칙(p.56)을 거부했으며,
조건자극에서 조건반응을 유발하는 고전적인 파블로프의
조건형성을 바탕으로 자신의 행동주의를 정립했다.

　파블로프의 실험은 무의식적인 신체 반응을 바탕으로 한
반면에, 왓슨은 정서 반응이 행동에 더 강력한 영향을 준다고
여겼다. 왓슨은 우리가 두려움, 분노, 사랑이라는 세 가지 기본
정서를 가지며 자극에 대한 반응으로 이런 정서들을 느끼도록
조건형성을 할 수 있다고 믿었다.

# 어린 앨버트 실험

왓슨의 가장 유명한 일련의 실험은 1920년에 생후 9개월
된 아이인 '앨버트 B'를 대상으로 실시되었다. 왓슨은 중립
자극에 대한 정서 반응을 고전적인 조건형성을 이용해서
가르칠 수 있다는 자신의 이론을 시험하기 시작했다.
건강하지만 감정을 잘 드러내지 않는 아이인 앨버트에게
개와 토끼와 흰쥐를 비롯한 털이 있거나 없는 다양한 동물과
가면과 솜을 보여 주었다. 앨버트는 전반적으로 흥미롭다는
반응을 보였지만 두려움은 없었다.

나중에 앨버트에게 다시 쥐를 보여 주었지만 매번
만지려고 손을 내밀었다. 왓슨이나 조수는 시끄러운 소음을
내서 아이가 괴로워서 울게 했다. 이 과정을 2주 동안 반복한
후에 다시 아무 소음이 없이 쥐를 내놓자 앨버트는 보자마자
울기 시작했다. 그리고 왓슨은 뒤이은 여러 실험에서 아이가
털이 달린 생물에 비슷하게 반응한다는 것을 발견했다.
아이는 털이 달린 외투나 솜으로 만든 수염이 달린 가면을 쓴
왓슨에게조차 마찬가지로 반응했다.

/ The Little Albert experiment

# 빈 서판

왓슨이 행동주의 심리학을 지지하던 때에 동시대의 많은
학자들이 우생학이라는 개념을 지지하고 있었다. 그렇지만
왓슨은 우생학에 반대했다. 그는 천성 대 양육 논쟁에서
양육을 확고히 지지했다(p.238). 왓슨은 인간의 행동은
유전적인 성격이 아니라 훈련에 의해 형성된다고 믿었다.
우리는 모두 '백지상태(blank slate, 빈 서판)'로 태어난다는
것이었다.

왓슨은 건강한 유아들에게 공평한 경쟁의 장이 주어진다면
각 유아의 재능이나 능력이나 인종에 상관없이 모든 유아가
어느 영역에서든 전문가가 되도록 훈련시킬 수 있다고
자랑하기까지 했다. 왓슨은 과장해서 한 말이라고 인정하기는
했지만, 그 원칙이 진실이라고 믿었다. 자극-반응 훈련이
우리의 학습 방식이고 행동을 형성하는 데 사용할 수 있다는
것이다. 더욱 논란의 여지가 있는 점은 왓슨이 그 유명한
'선언' 강의에서 행동주의의 목표는 연구가 아니라 '행동의
예측과 통제'라고 분명히 말했다는 것이다.

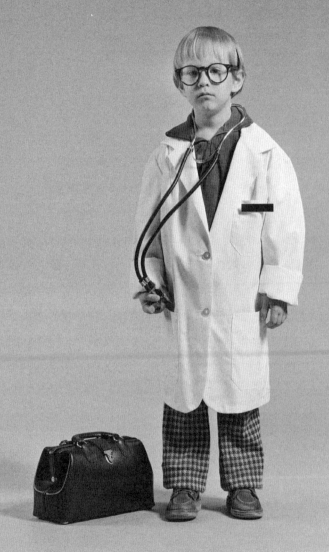

왓슨은 "나에게 건강한 유아 열두 명과 내가 지정한 양육 환경을 제공해 준다면,
그 아이들 중 누구라도 내가 선택한 분야의 전문가가 되도록 훈련시킬 수 있다고
장담합니다"라는 명언을 남겼다.

# 행동주의 육아 지침서

어린 앨버트 실험 직후, 왓슨은 조수 로잘리 레이너와 바람을 피웠다는 사실이 드러나는 바람에 교수직에서 물러나라는 압력을 받았다. 왓슨은 광고계에 일자리를 얻었으며 심리학을 적용해서 대단한 성공을 거두었다. 동시에 행동주의 심리학에 대한 자신의 해석을 바탕으로 육아를 주제로 책과 기사를 쓰기 시작했다. 왓슨은 선천적이거나 유전적인 행동은 없고, 우리가 세상과 상호 작용을 하는 동안 자극과 반응의 과정을 통해서 행동을 배우며, 아동 발달의 중심은 훈련에 의해 형성된 행동이라고 믿었다. 따라서 양육의 요점은 아이의 자극-반응 연상 작용을 조절하는 것이며, 부모가 환경의 통제를 통해서 이런 조절을 한다는 것이다. 두려움과 분노와 사랑이라는 기본 정서의 힘을 믿었던 왓슨은 육아에 대한 객관적이고 과학적인 접근법은 물론 정서적 분리까지 옹호했다. 젊은 부모 세대는 이 발상을 열광적으로 받아들였지만, 심리적으로 득보다 해가 많다는 점이 나중에 증명되었다.

## / A behaviourist's guide to bringing up baby

과학적인 육아 방법을 만들려는 왓슨의 시도는 부모와 자녀 사이에 엄격한 빅토리아 시대식 태도가 다분한 경직된 관계를 조성했다.

# 실험 윤리

왓슨은 행동주의의 창시자로 간주되지만, 심리학에 대한 그의 공헌에는 논란이 있다. 실험의 대상을 동물에서 (특히 어린 앨버트를 비롯한) 인간으로 옮긴 점에 대해 윤리적으로 많은 의문이 제기된다. 앨버트 B를 보호하려는 조치가 거의 없었고 실험 후에 아이를 예전 상태로 되돌리거나 심리적 건강을 검사하려는 시도도 없었다.

그런 점은 둘째로 치더라도 앨버트는 겨우 생후 9개월인 아이였기 때문에 실험에 동의할 수 없었다. 이는 왓슨의 잘못된 육아 조언을 따른 부모들의 아이들도 마찬가지였다. 어쨌든 왓슨의 실험이 워낙 지대한 관심을 불러일으킨지라, 이후 실험심리학자들은 자신들의 책임을 고려해 보다 윤리적인 실험을 고안할 수밖에 없었다. 행동주의자들은 실험 대상을 동물로 되돌렸다(나중에 동물 실험에 대해서도 윤리적인 문제가 제기되었다). 실험 대상이 반드시 사람이어야 하는 경우에는 자발적으로 참여한 성인이어야 한다는 것이 경험상의 규칙으로 자리 잡았다.

# 인지 행동주의

행동은 자극-반응 조건의 결과라는 왓슨의 엄격한 해석과 대조적으로, 에드워드 톨먼Edward Tolman은 학습에는 일부 사고 과정도 필요하다고 인정했다. 톨먼은 열성적인 행동주의 지지자였지만 한때 독일에서 형태심리학(p.110)을 공부했으며 인지와 정신 작용에 관심을 갖게 되었다.

톨먼은 미로 속 쥐들을 이용해서 학습된 행동이 단순히 자동화된 반응은 아니라는 점을 보여 주었다. 한 그룹의 쥐들은 미로를 성공적으로 지나 오면 보상을 받게 한 반면에 다른 그룹의 쥐들은 보상 없이 미로를 탐험하게 했다. 두 번째 그룹에게 보상을 제공하자 쥐들은 미로에서 더 빠르게 길을 찾았고 다른 쥐들보다 실수를 덜 저질렀다. 톨먼은 쥐들이 보상이라는 자극이 없이도 미로의 '머릿속 지도'를 만들었다고 결론을 내렸다. 톨먼은 인간도 환경의 인지 지도를 만들며 시간이 지난 후에 그 지도를 불러내 참고할 수 있다고 믿었다. 톨먼은 이를 시행착오 학습에 대조되는 잠재 학습이라고 일컬었다.

당시의 많은 심리학자들과 달리 에드워드 톨먼은 행동주의의 접근법과
형태심리학의 접근법이 상호 배타적이 아니라고 믿었다.

# 단 한 번의 교훈

고전적 조건형성은 자극과 중립 신호의 반복된 조합이
조건반사를 일으킨다는 파블로프의 발견을 바탕으로
했다. 뒤이은 행동주의 심리학자들이 그 발상을 개선해서
확대했지만, 연상을 강화하기 위해서는 반복이 필수라는 점은
전반적으로 동의했다. 물론 모든 행동주의 심리학자들이
동의한 것은 아니다. 그렇지만 손다이크가 제안한 행동주의
심리학을 확고하게 신봉한 에드윈 거스리는 행동과 결과
사이의 연상 작용은 처음에 형성된 때에 확립된다고 여겼다.
거스리는 쥐가 어떤 장소에서 한 번 먹이를 찾으면 다시
그 장소로 돌아갈 것이라고 주장했다. 거스리는 퍼즐 상자
실험에서 고양이들이 기계 장치의 작동과 탈출 사이의
연관성을 즉각적으로 알아냈다는 점에 주목했다. '단일
시행 학습'을 반복한다는 것이다. 거스리는 이를 '동작'을
학습한다는 말로 설명했다. 관련된 동작의 조합이 행위가
되고 행위가 행동을 구성한다. 결과가 따르는 동작의 연상을
강화하기 위해 반복이 필수적이지는 않지만, 반복은 우리가
행동으로 인식하는 행위들의 형성으로 이어진다.

# 급진적 행동주의

스키너B. F. Skinner가 가장 유명한 행동주의 심리학자로 알려진 데는 괴짜 도구 발명가라는 이미지와 더불어 홍보라는 뛰어난 재능이 한몫했다. 그럼에도 스키너가 심리학에 공헌한 점은 결코 적지 않았으며, 그는 연구에 과학적 접근법을 엄밀하게 적용했다. 스키너는 파블로프와 왓슨의 실험 정신을 이어받아 엄격한 조건 아래에서 행동주의 이론을 시험하기 위해 '급진적 행동주의'를 제안했다. 실험에서 관찰할 수 없고 측정할 수 없으며 복제할 수 없는 모든 사항을 묵살한 것이다.

스키너의 급진적인 접근법에 따르면 객관적으로 관찰될 수 없는 정신 작용은 과학에서 설 자리가 없었다. 스키너는 손다이크의 이론과 톨먼의 이론에 암시된 사고 과정이 자극-반응 조건형성에 일조한다는 생각을 반박하려 했다. 급진적 행동주의는 우리의 행동이 환경에 대한 반응만으로 형성된다고 제안한다. 스키너는 자유의지란 착각이며 우리의 모든 행위와 행동이 결과의 선택에 의해 통제된다고 믿었다.

# 조작적 조건형성

　스키너의 급진적 행동주의 접근법에서 비롯된 가장
영향력 있는 발상은 행동이 행위들의 결과에 의해
결정된다는 그의 조작적 조건형성 이론이었다. 스키너는
파블로프와 왓슨을 존경했지만, 행동이 동시에 일어난 사건
혹은 이전의 자극과 행위의 연합을 통해서 학습되지는
않으며, 이런 고전적 조건형성은 특별하고 다소 인위적인
사례였다고 여겼다.

　손다이크의 전통을 따른 스키너의 실험들은 특별히
고안된 장치에서 동물을 대상으로 실시되었다. 스키너는
동물들이 환경을 탐험하고 보상을 일으키는 행위들을
발견하도록 했다. 스키너는 행위의 결과가 행동
학습에서 아주 중요하다고 결론을 내렸다. 생물은 환경을
조작하고(여기에서 조작적 조건형성이라는 이름이 붙었다) 조작적
행동을 강화하는 자극을 만난다. 조작적 조건형성과 고전적
조건형성의 결정적인 차이는 전자에 실험 대상의 적극적인
참여가 포함된다는 것이다.

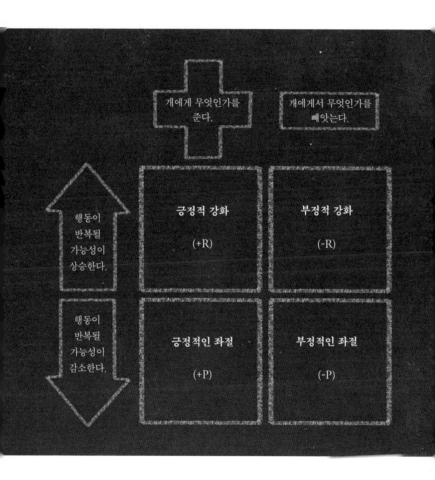

# 긍정적·부정적 강화

조작적 조건형성은 우리가 환경과의 상호 작용을 통해서 행동을 배우는 방식을 설명한다. 스키너에 따르면 행동 학습에서 주요 요소는 행위의 결과로 주어진 강화이다. 먹이 전달이나 상자에서의 탈출과 같은 긍정적인 결과는 그 결과를 일으킨 행위의 반복을 조장하고 미래에 해당 행동을 할 가능성을 강화한다. 고통이나 계속 갇혀 있는 상태와 같은 부정적인 결과를 일으킨 행위는 반복이 억제된다.

스키너는 실험 결과를 묘사할 때 '보상'과 '체벌'이라는 단어들을 사용하지 않으려고 조심했다. 그런 단어들이 좋은 행동과 나쁜 행동(바람직하거나 바람직하지 않은 행위)이라는 뜻을 함축하고 있다고 느꼈기 때문이다. 긍정적 강화가 '나쁜 행동'을 쉽게 조장하기도 한다. 이를테면 계속 죄를 지으면서도 무사히 빠져나가는 도둑이 있다. 마찬가지로 '좋은 행동'이 부정적 강화에 의해 좌절될 수도 있다. 이를테면 궁핍한 친구에게 돈을 빌려주었는데 끝내 돈을 갚지 않는 경우가 여기에 해당한다.

# 스키너 상자

스키너는 직접 발명한 다양한 장치에 동물을 넣어 실시한 많은 실험에서 조작적 조건형성 이론을 개발했다. 후에 스키너 상자라고 알려지는 이런 장치들은 손다이크의 퍼즐 상자(p.52)와 비슷했지만 대체로 더 정교했다.

각각의 스키너 상자는 실험 대상이 작동할 수 있는 막대기나 버튼이나 레버가 있는 밀폐된 공간이다. 동물은 상자의 내부를 자유롭게 탐험하면서, 기계 장치를 작동할 때 생기는 결과를 발견했다. 단순한 형태의 경우에, 막대기를 누르면 사료가 나오거나 동물에게 약한 전기 충격이 가해졌다. 이와 달리 바닥에 전기가 통해서 실험 대상이 충격을 받지 않으려면 스위치를 작동해야 하는 상자도 있었다. 스키너는 긍정적 강화가 부정적 강화보다 강한 영향력을 미치며 행위가 반복될 가능성이 상승한다고 결론을 내렸다. 부정적인 결과를 막는 것도 긍정적 강화의 역할을 한다.

스키너 상자

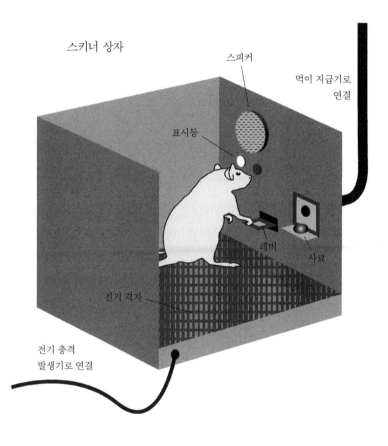

스피커

먹이 지급기로
연결

표시등

레버

사료

전기 격자

전기 충격
발생기로 연결

# 동물 실험

'심리학은 쥐의 습관을 도출하는 과학'이라는 농담은 행동주의 심리학자들의 실험 방법에서 나왔다. 어린 앨버트 실험을 제외하면, 행동주의 이론은 동물 실험의 결과와 검증으로 이루어졌다. 심리학자들은 어디에서나 아주 흔하게 사용되는 '실험실 쥐'뿐만 아니라 고양이와 개와 닭을 사용했으며, 나중에 스키너는 비둘기가 이상적인 실험 대상임을 발견했다.

스키너는 대부분 행동주의자들처럼 인간을 대상으로 한 실험에 반대했지만, 그가 '베이비 텐더baby tender'를 발명하면서 윤리성에 의문이 제기되었다. 아기 침대의 대안으로 사용된 이 장치는 통제된 환경을 갖춘 안전한 상자다. 베이비 텐더는 아이용 스키너 상자라는 조롱을 받았으며 '후계자 계승 장치'라고 불렸다. 스키너는 조작적 조건형성이 모든 생물에게 동일하게 적용되며, 어떤 동물을 관찰하든 인간 행동 이해에 도움이 된다고 믿었다. 행동주의자 대부분은 동의했지만, 많은 심리학자들은 인간 심리 연구에 동물 실험 결과를 적용하는 범위는 제한적이라고 본다.

# 스키너의 교육 기계

행동이 형성되고 통제되는 방식을 설명하는 고전적 조건형성과 달리, 조작적 조건형성은 동물이 외부 세상과의 상호 작용을 통해서 학습하는 방식을 설명했다. 스키너는 교습이나 훈련이 아닌 학습을 강조했고, 스키너 버전의 자극-반응 모형에서 학습자는 단순한 실험 대상이 아니라 적극적인 참가자이다.

스키너는 자신의 이론이 교육에 긍정적 강화를 주는 가치가 있음을 인식했다. 스키너는 습관적으로 물건을 뜯어고치는 사람답게, 학생들이 여러 단계로 학습하도록 하고 각 단계의 끝에 실시되는 시험에서 올바른 답을 얻도록 긍정적인 피드백을 주는 '교육 기계'를 발명했다. 이와 동일한 기본 원칙이 나중에 많은 쌍방향 독학 컴퓨터 학습 프로그램에 사용됐다. 스키너는 같은 방식으로 교육 프로그램도 개발했다. 미국을 비롯한 많은 나라의 학교에서 이 프로그램을 대폭 받아들였으며 교사가 코스의 각 단계에서 긍정적인 피드백을 줘서 학생을 격려하는 방식으로 적용되었다.

스키너의 교육 기계 내부

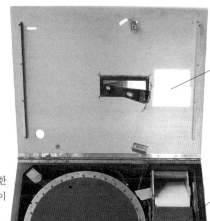

뚜껑이 닫히면
기계가 학생에게
질문 및 답을 쓸
종이를 제공한다.

학생이
답을 쓸
종이
두루마기

미리 선택한
질문과 답이
담긴 바퀴

학생이 답에 점수를 매기고
진도를 파악할 때 사용하는 손잡이

# 보상과 체벌

어떤 면에서 스키너의 의견은 교육의 방향에 완전한
변화를 불러일으켰다. 이전에는 행동을 통제하는 규율을
강조했고 잘못된 행동은 물론 틀린 답에도 체벌을 했다.
스키너는 여러 실험에서 올바른 행동을 장려하는 용도로는
부정적 강화의 힘보다 긍정적 강화의 힘이 강하다는 것을
목격했다.

스키너는 물질적 보상보다 칭찬을 지지했으며 잘못된
방식을 막기 위해 신체적인 체벌을 하는 것을 반대했다.
스키너는 체벌이 긍정적인 격려보다 효과가 적을 뿐만
아니라, 모든 종류의 부정적 강화가 역효과를 낳는다고
주장했다. 특히 행동이 긍정적인 경우라면, 특정한
방식으로 행동했다는 이유로 체벌을 한다고 해도 행위의
주체가 좌절하지는 않는다. 그러나 체벌을 피하려는
목적으로 행동을 변경(이를테면, 몰래 그 행동을 지속)하도록
부추길 가능성이 있다. 차라리 칭찬을 하지 않는 것이
체벌보다 효과적인 부정적 강화의 역할을 한다.

# 각인

스키너는 자신의 '급진적 행동주의'(p.72)를 통해서,
우리에게 자유의지가 없으며, 우리의 행동은 긍정적인 결과를
일으키는 행위의 선택에 의해 규정되고, 더구나 환경에
작용하는 우리의 능력은 유전적으로 정해진다고 믿게 되었다.

1930년대, 동물학자인 콘라트 로렌츠는 어린 거위들이
부화 직후에 어미에게 애착을 갖게 되며, 무엇이든 상관없이
처음으로 본 움직이는 대상을 '양부모'로 인식한다는 점을
알아챘다. 로렌츠가 각인이라고 일컬은 이런 행동은 학습으로
생긴 것이 아니라 본능적이고 영구적이며 새끼 때의 아주
초기 단계에만 발생한다. 나중에 로렌츠는 동물의 생애
중 각기 다른 단계에서 일어나는 여러 본능적인 행동들을
찾아냈다. 각인과 마찬가지로 학습이 아니라 모방이나
조건형성으로 생기는 행동들이었다. 로렌츠는 이런 '고정
행동 양식'이 유전적으로 정해지며 자연 선택을 통해서
진화한다고 결론지었다.

/ Imprinting

# 행동주의 대 본능

　스키너는 우리가 조작적 조건형성을 통해서 행동을
학습하는 유전적인 경향을 가지고 있다는 결론에
이르렀지만, 로렌츠는 더 나아가서 적어도 일부 동물의
행동은 유전적으로 프로그램 되어 있다고 제안했다.
다른 심리학자들은 모든 행동이 학습되며 왓슨이 제안한
대로(p.62) 조건형성을 통해 누구나 무엇이든 하도록 훈련될
수 있다는 주장을 유지했다. 이런 행동주의 접근법의 가장
급진적인 옹호자는 제대로 이해하지 못한 행동을 편리하게
본능으로 설명해 버리는 방식에 반대한 중국의 심리학자
궈징양郭任遠이었다. 그는 예를 들어 쥐에 대한 고양이의
공격성이 본능적인 것이 아니라 학습된 것이라고 믿었다.
그는 여러 실험에서 아기 고양이와 쥐를 함께 길렀는데
고양이가 쥐에게 공격적으로 행동하지 않으며 심지어
놀이 친구로 취급한다는 점을 발견했다. 그는 모든 동물이
행동을 형성하는 지속적인 발달 과정을 거치며, 타고나거나
유전적인 행동 같은 것은 없다고 결론을 내렸다.

/ Behaviourism vs instinct

# 인지심리학

오늘날 '인지심리학'이라는 용어는 제2차 세계대전 후에 두드러진 심리학 접근법과 관련이 있으며, 행동이 아니라 정신 작용에 초점을 맞춘다. 하지만 심리학이 과학의 한 분야로 정착한 초기 시절부터 심리학자들은 정신 작용의 방식을 연구하기 시작했다.

인지 과정은 관찰이 불가능하고 관계가 없다고 치부한 행동주의가 미국의 심리학계를 장악했지만, 독일의 심리학자들은 이런 정신 활동을 조사할 방법을 계속 탐구했다. 헤르만 에빙하우스Hermann Ebbinghaus와 빌헬름 분트는 기억과 지각에 대한 과학적 연구의 기반을 다졌고, 후에 형태심리학(p.110)이 정신 작용에 대한 종합적인 해석을 제공했다. 그러면서 조건을 강조하는 행동주의 경향을 반박했다. 공식적으로 인지심리학은 1950년대에 이른바 '인지 혁명'과 더불어 등장했다. 인지 혁명은 정보와 컴퓨터 과학의 발전에 대대적으로 영향을 받은 운동이었다.

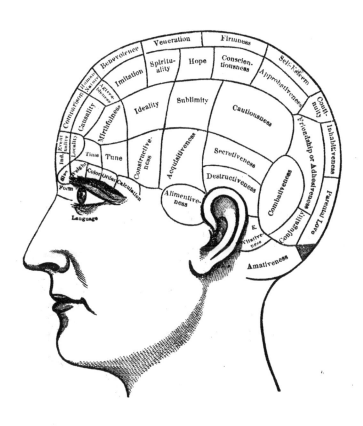

# 기억

　기억을 과학적으로 연구한 선구자는 독일의 심리학자인 헤르만 에빙하우스Hermann Ebbinghaus였다. 에빙하우스는 19세기 후반에 단어와 글자의 목록을 기억하는 자신의 능력을 검사해 그 정보를 얼마나 오랫동안 잘 유지하는지 기록했다. 에빙하우스는 관찰을 통해서 학습과 망각의 패턴을 찾아냈으며 그의 발견은 오늘날 기억에 대한 연구의 기반이 되었다. 하지만 에빙하우스의 방법론은 영향력이 부족했다.

　에빙하우스는 실험을 꼼꼼하게 구상해 체계적으로 진행했지만, 자신 이외에 실험 대상을 사용하지 않았다. 우리는 다른 사람의 정신에 직접 접근할 수 없기 때문에, 에빙하우스는 자기 성찰을 통해서만 정신 과정을 연구할 수 있다고 믿었다. 다른 실험심리학자들은 이런 접근법이 주관적이고 비과학적이라고 봤으며 다양한 실험 대상으로 인지 과정을 연구하는 실험 기법을 고안했다.

# 암기와 회상

1880년대에 에빙하우스는 기억을 하는 방식과 암기 능력에 영향을 미치는 요소를 조사하기 시작했다. 이를 위해서 에빙하우스는 자신을 실험 대상으로 삼아 단어 목록 외우기와 같은 암기 과제를 고안했으며 나중에 그 목록을 기억해 내는 자신의 능력을 시험했다. 에빙하우스는 특정한 기간(일회성 시험뿐만 아니라 다양한 시간 간격을 두고 여러 차례 시험) 동안 목록을 학습하는 효율성을 측정하고 기록할 수 있도록 실험을 체계적으로 구성했으며 다양한 기간 후에 기억을 검토했다.

에빙하우스는 실험을 통해 암기와 회상이라는 고유한 두 과정을 파악했으며 회상은 학습 효율성을 측정하는 효과적인 기준으로 사용됐다. 에빙하우스는 이 과정에서 다양한 '일정'에 따른 암기 결과와 시간이 정보를 기억해 내는 능력에 미치는 영향을 비교할 수 있었다. 에빙하우스는 기억 패턴뿐만 아니라 망각 패턴이 있다는 것도 발견했다.

# 망각

에빙하우스가 발견한 결과 중 하나는 '벼락공부'를 해 본 학생이라면 전혀 놀랍지 않을 내용이다. 우리는 학습 후 24시간이 지나면 그중에 3분의 2를 잊어버린다. 하지만 에빙하우스는 이처럼 빠르고 기하급수적인 '망각 곡선'을 극복할 방법들을 찾았다. 에빙하우스는 여러 차례에 걸쳐서 학습하면 정보가 기억에 더 잘 박히며 반복적으로 회상한 정보는 보다 쉽게 기억에서 회수된다는 점을 알아냈다.

에빙하우스는 단어 목록은 물론이고 세 글자로 된 터무니없는 음절의 목록을 학습하는 능력도 검사했다. 그는 의미가 있는 단어를 암기할 때에 비해서 터무니없는 음절을 암기할 때 점수가 훨씬 낮다는 점을 발견했으며, 의미가 있는 단어일 때 암기와 회상이 훨씬 효율적이라는 결론을 내렸다. 우리의 정신은 단순히 정보를 저장해서 기계적으로 회수하는 게 아니라, 중요한 정보가 더 효율적으로 저장되고 더 쉽게 회수될 수 있도록 정보를 이해하려고 노력하는 인지 과정을 거친다.

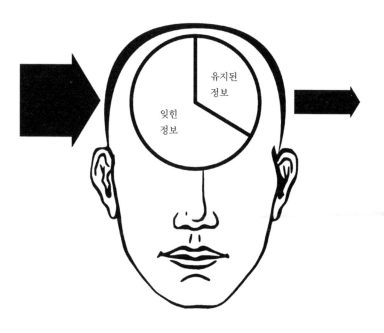

에빙하우스는 24시간 내에 정보의 약 3분의 2가 잊힌다고 추정했다.

# 자이가르닉 효과

에빙하우스는 실험 결과에서 기억과 망각의 독특한 패턴을 파악했다. 에빙하우스는 망각곡선이라고 이름 붙인 패턴에서 빠른 착수와 느린 감소를 발견했으며, 암기에서도 이와 비슷한 '학습곡선'을 발견했다. 이를테면 우리는 목록을 배울 때 처음과 끝의 항목을 중간의 항목보다 잘 기억하는 경향이 있다. 후에 러시아의 심리학자인 블루마 자이가르닉Bluma Zeigarnik은 동네 카페에서 종업원들을 지켜보던 와중에 기억의 또 다른 독특한 특징을 발견했다. 종업원들은 아직 계산이 끝나지 않은 주문 내용을 정확하게 기억했지만 계산이 끝난 후에는 기억을 잘하지 못했다. 거래가 완료된 기억은 더 이상 중요하지 않기 때문에 새로운 주문을 저장할 공간을 만들기 위해서 '한쪽에 치워 놓는' 것이다. 자이가르닉은 이후의 실험에서 끝나지 않거나 중단된 임무는 완료된 임무보다 잘 기억된다는 점을 발견했다.

/ The Zeigarnik effect

# 장기 및 단기 기억

　심리학자들이 기억 연구에 체계적인 접근법을 적용하면서, 기억이 단지 정보를 저장하고 회수하는 간단한 영역이 아니라는 점이 분명해졌다. 기억 저장에는 단기 기억과 장기 기억이라는 두 종류가 있는 것으로 보인다. 단기 기억은 정보를 몇 초 동안만 저장하며 저장 용량에 한계가 있는 반면에, 장기 기억은 정보를 한계 없이 무기한으로 저장한다.

　단기 기억은 우리가 즉시 사용해야 하는 정보를 처리하지만, 미래의 사용을 위해 기억해야 하는 정보는 장기 기억에 저장된다. 이를테면 우리가 전화번호를 훑어볼 때 단기 기억은 번호를 누를 동안만 전화번호를 기억한다. 하지만 나중에 필요할 전화번호이거나 반복해서 사용할 전화번호라면 장기 기억으로 옮겨서 기억한다. 심리학자들 대부분은 이런 기억의 이중 저장 모형을 인정하지만 단기 기억과 장기 기억의 정확한 역할, 두 기억의 연관성, 두 기억이 실제로 분리된 체계인지의 여부에 대해서는 의견 충돌이 있다.

## / Long-term and short-term memory

감각 기억의 처리와 장기 기억의 형성 과정을 담은 모형

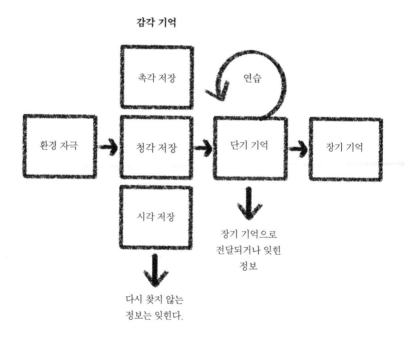

**감각 기억**

환경 자극 → 촉각 저장 / 청각 저장 / 시각 저장

연습

청각 저장 → 단기 기억 → 장기 기억

장기 기억으로
전달되거나 잊힌
정보

다시 찾지 않는
정보는 잊힌다.

# 뇌 세포의 '부품들'

　기억의 '저장'이라는 개념은 우리 뇌에 기억이 저장되는 물리적인 공간이 있거나 적어도 다른 정신 작용처럼 기억이 뇌의 특정한 영역에 위치한다는 생각을 불러일으켰다. 그렇지만 1940년대에 칼 래슐리Karl Lashley는 기억이 뇌의 특정한 부분과 관련된 것이 아니라 뇌 전체에 균등하게 분포되어 있음을 보여 주었다. 이어서 래슐리의 동료인 도널드 헤브Donald Hebb는 우리가 학습하는 방식을 신경 연합이라는 측면에서 설명했다.

　모든 행동이나 경험은 독특한 연결 패턴을 일으킨다. 헤브는 '함께 발화하고 함께 연결되는 세포들'을 설명했다. 행동이나 경험이 반복되면 연결이 강해지고 우리 뇌 속 세포의 '부품들'로 고정된다. 예를 들어서 갓난아이는 엄마가 오는 소리를 들으면, 그 소리를 엄마의 얼굴을 보고 안기게 될 것이라는 생각과 연결시킨다. 이처럼 우리는 각기 다른 부품들을 연결하는 방식을 통해서 학습한다.

/ 'Assemblies' of brain cells

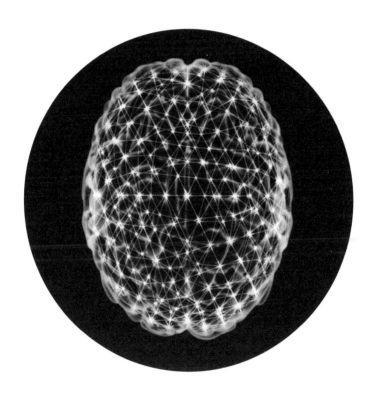

# 언어 학습

1950년대까지 우리가 학습하는 방식에 대한 이해는 거의 완전히 조건형성의 자극-반응 모형에 대한 행동주의 이론을 바탕으로 했다. 그러나 모든 심리학자들이 이를 믿지는 않았으며 1955년 초에 미국의 놈 촘스키가 학습에 대해 다른 설명을 제시했다. 촘스키는 이 설명에서 우리가 언어를 배우는 동안 단순히 앵무새처럼 되풀이하는 것이 아니라 이해를 해야 한다는 점을 보여 주었다.

촘스키는 어린이가 그저 모방할 때보다 언어를 배울 때 훨씬 빠르게 발달하며 아주 어린 나이에도 복잡한 문법 구조를 파악한다는 점을 알아냈다. 촘스키는 모든 언어는 잠재적으로 비슷한 구조(일반적인 문법)를 가지고 있으며 우리는 이를 이용해서 언어를 배우고 의미를 찾는 선천적인 능력을 가지고 있다고 결론을 내렸다. 촘스키의 언어 학습 이론은 심리학의 '인지 혁명'에 불을 붙였으며 관심의 초점을 행동에서 정신 작용으로 이동시켰다. 그러나 유럽의 많은 심리학자들은 촘스키의 접근법이 전혀 새롭지 않다고 여겼다.

언어 학습은 인지 과정이지 조건형성 과정이 아니라고 간주된다.

# 문제 해결

　미국의 행동주의 심리학자들은 파블로프의 실험에 영향을
받았으며 자극과 반응이라는 측면에서 동물의 행동을
연구하는 경향이 있었다. 그러나 독일의 심리학자 볼프강
쾰러Wolfgang Köhler는 이런 접근법이 많은 점을 놓친다고
여겼다. 쾰러는 형태 운동[p.110]의 공동 창시자였으며 침팬지
거주지를 관찰한 테네리페 섬 연구 센터에서 몇 년 동안
소장을 맡았다.

　쾰러는 침팬지에게 임무를 주고 해결하는 과정을
지켜보면서 침팬지가 단순한 시행착오 과정을 사용하지
않는다는 사실을 발견했다. 침팬지는 너무 높거나 다가갈 수
없는 장소에서 먹이를 얻는 등의 문제를 해결하려고 소득
없는 노력을 한 후 멈춰 서서 막대기를 사용하거나 상자에
올라가는 등과 같은 다른 방법이 떠오를 때까지 생각을 했다.
그런 해결책이 성공하면 비슷한 문제에서 다시 사용했다.
쾰러는 침팬지가 물리적인 시행착오가 아니라 마음속으로
문제를 점검하고 지각과 통찰의 인지 과정을 통해서
배운다는 것을 알아냈다.

# 지각

우리가 깨어 있는 동안 감각기관은 엄청난 양의 정보를
제공하며 이런 정보를 통해 외부 세상을 내면에 재현한다.
우리의 정신은 이런 감각 정보를 단순한 감각으로 체험하는
데 그치지 않고, 감각이 우리에게 전달하는 내용을 정리해서
해석한다. 이는 우리가 지각이라고 알고 있는 인지 과정이다.
우리는 세상과 상호 작용을 하기 위해서 보고 듣고 만지고
냄새 맡고 맛본 것을 이해해야 하며 중요한 정보와 관계가
없는 정보를 구분해야 한다.

지각은 이를테면 전경과 배경을 구분하는 능력이며 대상과
그 대상의 위치를 파악하는 능력이기도 한다. 대체로 우리는
의식적으로 생각하지 않고도 이런 과정을 거친다. 특히 형태
운동에 참여한 심리학자들을 비롯한 일부 심리학자들은
이런 능력이 우리 뇌에 박혀 있으며 의미 있는 형태로 정보를
정리하도록 '프로그램' 되어 있다고 믿는다. 반면에 우리가
경험에서 지각을 배운다고 믿는 학자들도 있다.

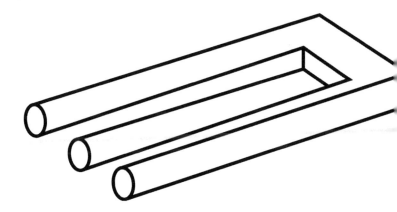

# 형태심리학

　20세기에 들어서자 독일의 심리학자들은 인지와 지각을 해석하는 다른 방법을 제안했다. 그들은 각 정신 작용의 분리된 요소들을 파악하려고 노력한 빌헬름 분트와 같은 심리학자들의 일반적인 '구조주의'가 아니라, 보다 전체론적인 접근법을 제시했다. 이 접근법은 '형태, 모양, 혹은 정수'라는 뜻을 가진 독일어 게슈탈트gestalt에서 이름을 따왔다. 형태심리학은 볼프강 쾰러, 막스 베르트하이머Max Wertheimer, 쿠르트 코프카Kurt Koffka의 연구에서 생겨났다.

　형태 이론에 따르면 우리는 분리된 부분에서 대상을 형성하는 것이 아니라 의미 있는 전체로서 대상을 인식하는 내재된 경향이 있다. 예를 들어서 우리는 단순한 사각형 그림을 보면 그 모양을 분리된 여러 선들이 아니라 전체적인 모양으로 인식하고, 특정한 빈도로 번쩍이는 빛을 보면 그것을 움직임으로 지각한다. 코프카는 "전체는 부분의 합과 다르다"고 말했다.

시계의 개별적인 부분은 분리된 상태에서는 별로 중요하지 않다. 형태심리학자들은
우리가 대상을 여러 부분들의 합이 아니라 의미 있는 전체로 이해한다고 주장한다

# 지각의 형태 법칙

형태 이론의 핵심에는 우리의 정신이 일정한 '규칙'을 따라서 감각 정보를 규칙적이고 예상 가능한 방식으로 해석한다는 생각이 담겨 있다. 이러한 소위 지각의 형태 법칙은 우리가 방대한 양의 정보를 의식적으로 처리할 필요 없이 사물을 빠르게 지각할 수 있게 하는 정신의 지름길을 설명한다.

프라그난츠(Prägnanz, '의식' 혹은 '간결성'이라는 뜻. 옮긴이)라는 개념은 이런 법칙에 깔린 원칙을 요약한다. 우리는 최대한 단순하게 보이게 하는 방식으로 대상을 지각한다. 이를테면 올림픽 로고를 보면 복잡한 형태들과 선들의 무더기가 아니라 즉시 다섯 개의 고리로 받아들인다. 이런 일반 규칙에서 다른 여러 규칙들이 나온다. 유사성의 법칙(우리는 비슷한 대상들을 무리 짓는다), 근접성의 법칙(우리는 서로 가까이 있는 대상들을 무리 짓는다), 지속성의 법칙(우리는 여러 개의 선이 일직선으로 놓인 형태를 연결된 하나의 선으로 지각한다), 폐쇄성의 법칙(우리는 빠진 정보를 채워 넣어, 한 대상의 부분들로 보이는 것들을 무리 짓는다) 등이 그것이다.

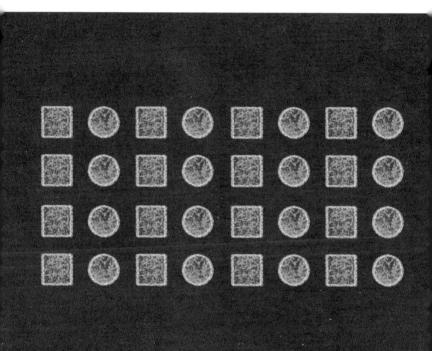

유사성의 법칙. 인간의 뇌는 비슷한 형태의 무리를 즉시 지각한다. 이 경우에 네모와 동그라미가 세로로 배열되어 있다고 여긴다.

# 패턴 인식

형태심리학자들은 처음에 심리학적인 개념을 형태에
도입하지 않았다. 1890년대에 철학자 크리스티앙 폰
에렌펠스Christian von Ehrenfels는 형태를 지각된 대상의
발현성이라고 기술했다. 구성 요소들 사이의 연결에서 나온
두 번째 성질이라는 것이다. 이는 형태심리학의 원칙과
정반대의 견해였다.

형태 이론은 흥미롭고 영향력이 있었지만 지각의 인지
과정을 단순히 기술할 뿐 설명하지 못한다는 비난을 받았다.
후에 심리학자들은 우리가 대상을 구성하는 요소들의
패턴을 인식해서 그 대상을 파악한다는 개념으로 돌아왔다.
패턴 인식 이론은 우리 기억이 '대상 모형'을 저장해서,
입력된 감각 정보와 비교한다는 개념을 바탕으로 한다.
어빙 비더먼은 '기하 소자geometric icon'라는 기하학적인
특징을 소개했다. 또한 장면을 훑어보고 인식 가능한 특징을
골라내는 시각 능력인 특징 검출과 관련된 이론도 나왔다.

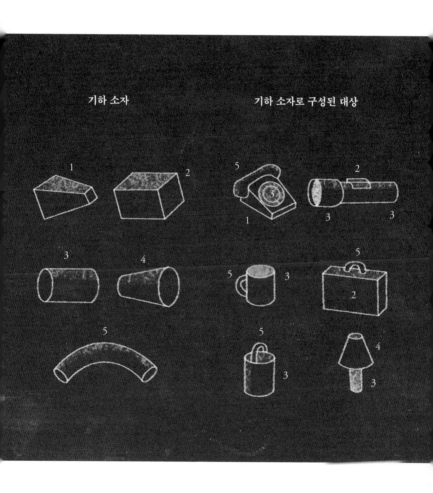

기하 소자          기하 소자로 구성된 대상

# 얼굴 인식

시각적 지각이 패턴 인식의 과정이라고 주장하는 이론들은 구름과 바위 등의 자연 형태에서 모양과 패턴을 인식하는 일상적인 경험들로 뒷받침된다. 특히 우리는 얼굴의 특징을 골라 보는 데 익숙하다. 이를테면 달 표면의 반점은 패턴 인식의 특별한 경우이다.

얼굴을 구분하는 우리의 능력이 선천적이라고 주장하는 증거가 있다. 우리 뇌는 입력되는 다른 모든 시각 정보로부터 얼굴의 패턴을 구분하도록 되어 있으며, 아주 어린 나이 때부터 이를 구분할 수 있다. 뿐만 아니라 배경에서 얼굴을 골라 볼 수 있을 뿐만 아니라 아주 작은 차이까지도 감지할 수 있어서, 각 얼굴의 개별적인 특징들을 분석할 필요 없이 한눈에 다른 사람을 알아볼 수 있다. 게다가 인간은 입이나 눈의 모양 같은 부속물의 특징에서 패턴을 감지할 수 있는 전문가이며 덕분에 사람들의 감정 상태를 해석할 수 있다.

# 정보 처리

    유럽의 많은 심리학자들이 정신 작용을 연구했지만,
행동주의 심리학에 대한 대안적인 접근법으로서
인지심리학은 제2차 세계대전에 이르러서야 등장했다.
전시 상황에 컴퓨터와 정보 기술이 발전했으며, 덕분에
심리학자들은 인지 과정의 모형을 정보 처리의 형태로
제공받았다. 지각과 기억은 우리 정신이 입력 정보를
분류하고 정리하는 방식으로 설명되었다. 학습도 이와
마찬가지로 설명되었고 이는 행동주의의 조건형성 개념을
반박하는 근거가 됐다. 조지 아미티지 밀러George A. Miller와
함께 하버드 대학교에 인지 연구 센터를 설립한 미국의
심리학자 제롬 브루너는 학습을 인지 과정으로 묘사한
최초의 학자들 중 한 명이다. 브루너는 우리가 학습을 하려면
적극적으로 참여해 정보를 이해해야 한다고 주장했다.
인지심리학자들은 정보 처리 형태로써 인지를 강조해
학습뿐만 아니라 기억 처리와 지각에 대한 관심을 다시
불러일으켰다. 영국에서는 도널드 브로드벤트Donald Broadbent를
비롯한 학자들이 이 새로운 분야를 탐구했다.

# 마법의 숫자 7

미국의 심리학 분야에서 일어난 '인지 혁명'의 선봉에는 누구보다도 정보 처리 모형을 적극적으로 도입한 조지 아미티지 밀러가 있었다. 밀러가 가장 공헌한 분야는 기억, 특히 단기 기억에 관한 연구였다. 오래 전부터 에빙하우스를 비롯한 여러 학자들은 정보가 장기 기억(p.100)에 저장되기 전에 지나가는 단기 기억 및 그 기억의 제한된 용량을 알아냈다.

잘 알려진 대로 밀러는 「마법의 숫자 7, 더하기 또는 빼기 2」라는 논문에서 단기 기억의 용량을 7개 항목으로 수량화했다. 더 중요한 점은 밀러가 단기 기억을 정보 처리 현상, 즉 장기 기억에 저장될 것을 결정하는 일종의 여과기로 해석했다는 것이다. 이 발상을 바탕으로 특히 앨런 배들리와 그레이엄 히치를 비롯한 학자들이 '작업 기억working memory'이라는 개념을 발전시켰다. 작업 기억은 '중앙 관리자'의 관리 아래, 주의를 기울여야 정보 및 그중에서 장기 기억으로 옮겨야 하는 정보를 선별한다.

# 덩어리로 묶기

단기 기억의 용량이 제한되어 있기 때문에 우리는 한정된 양의 정보만을 기억할 수 있다. 밀러의 말을 빌자면 '마법'의 7개 항목만을 기억하는 것이다. 많은 양의 정보가 들어오면 우리 감각에서 정보의 병목현상이 일어날 가능성이 있다. 하지만 정보 중에서 단지 일부만 '감각기억'에서 단기 기억으로 전달된다.

또한 밀러는 새 정보를 관련된 항목끼리 '덩어리'로 묶어서 정리하면 단기 기억의 용량이 확대될 수 있다는 것을 발견했다. 단기 기억이 '포트'를 7개 가진다고 치면, 그 이상의 항목은 시스템에 과부하를 일으킨다. 하지만 글자들이 특정한 순서대로 진행되거나(R, S, T, U, V, W, X, Y, Z) 알아볼 수 있는 형태의 단어(MEMORIZING)라면, 우리의 단기 기억은 이를 한 개의 항목으로 처리해서 다른 정보가 저장될 용량을 남겨 놓는다. 마찬가지로 11235813213455이라는 14자리의 숫자는 기억하기가 쉽지 않지만, 사실 이것이 피보나치수열의 10개 숫자라는 점을 알아채면 하나의 '덩어리'로 바뀌어 처리된다.

120007041776

=

정오(1200)

7월 4일(0704)

1776년

# 주의

1950년대에 영국의 심리학자 도널드 브로드벤트는 동시대 학자 조지 아미티지 밀러와 마찬가지로 정신의 모형에 정보 처리 장치를 적용했다. 브로드벤트도 들어오는 감각 정보가 우리의 정신이 의식적으로 처리할 수 있는 양보다 훨씬 많다는 것을 알아냈다. 단기 기억의 용량이 제한되어 있는 것과 마찬가지였다. 하지만 브로드벤트는 기억이 아니라 주의라는 관점에서 이 문제에 접근했다. 우리가 제한된 용량으로 감각 정보를 처리하는 방식에 집중한 것이다.

브로드벤트는 동시에 많은 채널을 수신하는 라디오에 정신을 비유했다. 라디오는 이를 해결하기 위해 가장 중요한 프로그램을 선택해서 그곳에 집중하고 다른 채널들을 차단해야 한다. 최근에는 제한된 정보 처리 능력의 선택적인 속성이 '보이지 않는 고릴라' 실험에서 극적으로 드러났다. 실험 참가자들에게 비디오에 나오는 사람들이 농구공을 패스하는 횟수를 세라고 하자, 참가자들은 고릴라 탈과 옷을 입고 현장을 가로질러 가며 카메라를 향해 손을 흔드는 사람을 전혀 알아차리지 못했다.

# 칵테일파티 문제

도널드 브로드벤트의 주의 분석 연구는 입력된 많은 감각 정보를 제한된 용량으로 처리하기 위한 수단으로 도입한 것으로 제2차 세계대전 후 몇 년 동안 통신 과학에서 실시된 연구들과 비슷했다. 정보 과학자 콜린 체리가 밝혀낸 '칵테일파티 효과'는 어떤 식으로 우리가 파티에서 요란하게 쾅쾅 울리는 음악뿐만 아니라 일제히 진행되는 다른 여러 대화들을 선택적으로 '차단'하고 하나의 대화에만 주의를 기울일 수 있는지 보여 준다.

체리의 연구 결과는 브로드벤트의 양분 청취 실험에서 나온 결과와 동일했다. 브로드벤트는 헤드폰을 쓰고 좌우의 귀로 각각 다른 정보를 듣는 이 실험에서 우리가 한 번에 한 목소리만 들을 수 있다는 결론에 이르렀다. 정보가 여러 '채널'로 들어와도 우리의 정신은 단 하나의 채널에만 집중할 수 있다. 우리의 정신이 가장 중요하다고 결정한 채널에 선택적으로 주의를 집중하며 잡음으로 여겨지는 다른 채널들을 여과한다는 것이다.

/ The cocktail party problem

# 여과기 모형

브로드벤트는 우리가 정보의 특정한 '채널'에 주의를 집중하는 방식을 일종의 선택적 여과기를 통해 설명했다. 우리 정신은 주의를 기울여야 할 채널을 선택하고, 소리의 높이와 강도와 방향과 색깔 같은 특성에 따라서 들어오는 모든 정보를 처리한 다음에, 그런 특성에 맞지 않는 정보를 걸러낸다. 하지만 브로드벤트는 정보의 의미도 여과 과정에서 일정한 역할을 한다는 점을 연구에서 발견했다. 예를 들어서, 긴급한 정보가 들어오면 조종사는 한 채널에서 다른 채널로 주의를 돌린다. 콜린 체리 역시 칵테일파티 효과(p.126)의 연구에서 비슷한 점을 알아냈다. 어떤 사람이 한 대화에 집중하고 있어도 다른 대화에서 자신의 이름이 언급되는 소리를 들으면 집중을 유지하기가 불가능하다는 것이다. 이는 우리가 하나의 '정보 공급'에 적극적으로 집중할 때에도 걸러진 정보의 일부 의미를 듣고 구분할 수 있음을 보여 준다. 여과기는 우리의 관심을 끌려고 경쟁하는 모든 정보 중에서 중요한 정보를 감지하도록 돕는다.

**입력**

주의를 기울인 메시지          주의를 기울이지 않은 메시지

**감각 저장소**

주의를 기울이지 않은 메시지는 이 단계에서 차단된다.

**선택 여과기**
물리적 특성(소리의 높이나 크기 등)에 따름

병목현상

**상위 단계의 처리**

**작업 기억**

# 다양한 종류의 기억

1970년대에 기억은 에스토니아계 캐나다인 심리학자인 엔델 털빙Endel Tulving의 선구적 연구를 비롯한 인지심리학의 연구에서 중요한 자리를 계속 차지했다. 털빙은 이전 인지심리학자들이 단기 기억과 장기 기억의 차이점에 초점을 맞춘 반면에, 훨씬 폭넓게 접근했다. 털빙은 에빙하우스의 발상(pp. 92, 96)으로 되돌아가서, 기억이 뚜렷이 다르지만 서로 관련된 두 개의 정신 작용으로 구성되어 있다는 것을 보여 주었다. 하나의 작용은 암기하기, 즉 정보 저장이다. 다른 작용은 기억하기, 즉 저장소에서 정보를 회수하기이다.

또한 털빙은 기억을 세 가지 종류로 나누었다. 일화 기억은 특정한 상황과 경험을 기억한다. 의미 기억은 사실과 지식을 기억한다. 절차 기억은 특정한 행동을 하는 방법을 기억한다. 우리 정신은 유형에 따라 정보를 정리해서 각기 다른 종류의 기억 저장소에 집어넣는다. 기억 저장소는 다시 여러 '범주'로 세분된다. 우리가 정보를 회수해야 할 때가 되면, 우리 정신은 '기억 장치' 전체를 검색할 필요 없이 해당 범주를 통해서 검색 범위를 좁힐 수 있다.

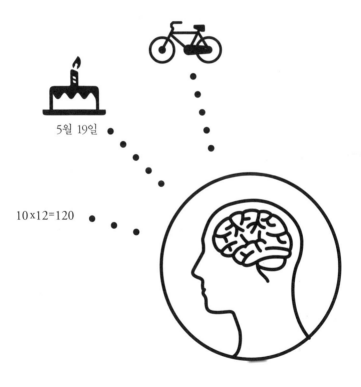

5월 19일

10x12=120

# 기억 재생

　기억 연구에 대한 인지심리학의 접근법은 주로 정보
저장과 회수에 대한 유추 및 두 과정의 연관성을 바탕으로
한다. 엔델 털빙은 우리의 정신이 기억을 여러 범주로
편성해서 각기 다른 저장소에 넣는다는 개념으로 기억을
설명했으며, 단서를 통해서 기억을 되살릴 수 있다는 점을
보여 주었다.

　또한 털빙은 기억을 저장된 시간과 상황으로 우리를
돌려보내는 '정신의 시간 여행'이라고 표현했다. 이런
생각을 이어받은 사람은 영국의 심리학자 앨런 배들리였다.
배들리는 잠수부들이 과거에 잠수를 배우던 상황에서 기억을
더 잘한다는 것을 입증했다. 고든 H. 바우어는 우리 기억이
단서에 의존적일 뿐만 아니라 기분에도 의존적이라는 것을
발견했다. 기억을 저장하고 회수할 때의 감정이 회상에
영향을 미친다는 것이다. 예를 들어서 기분이 나쁘면 기분이
좋을 때에 비해서 불행한 기억을 회상하기가 더 쉽다.

기억들은 강하게 연결되어 있다. 많은 사람들이 엘비스 프레슬리가 죽었을 때 자신들이 어디에 있었는지, 심지어 무엇을 하고 있었는지까지 기억한다.

# 기억의 일곱 가지 죄

　우리는 놀라울 정도로 많은 양을 기억하지만 기억을
재생하는 능력, 즉 기억 회수는 실망스러울 정도이다. 기억
저장소에서 정보를 회수하려고 할 때 오류가 날 수 있는 몇
가지 형태가 있다. 대니얼 샥터Daniel Schacter는 이를 '기억의
일곱 가지 죄'라고 부른다. 오류가 일어나는 이유가 '일시성의
죄' 때문인 경우가 있다. 기억은 특히 정기적으로 되돌리지
않으면 시간이 갈수록 희미해진다. '방심의 죄'는 잘못 지정된
저장소가 원인이다. 우리가 기억을 저장할 때 집중을 하지
않아서, 우리의 정신이 해당 정보를 중요하지 않은 범주로
분류한 것이다. '차단의 죄'는 다른 기억이 방해를 해서
정작 기억하려는 내용이 기억나지 않고 말이 혀끝에서만
뱅뱅 돌게 되는 경우를 말한다. '출처의 죄'는 회수 과정이
잘못되어서, 정보는 정확하게 기억하지만 출처를 엉뚱하게
기억하는 것이다. 또한 우리 기억은 회상을 일으키는
단서('암시의 죄') 혹은 회상할 때의 생각과 감정('편향의 죄')에
의해서 왜곡되기도 한다. 반면에 '집착의 죄'는 기억을 없애지
못하게 한다.

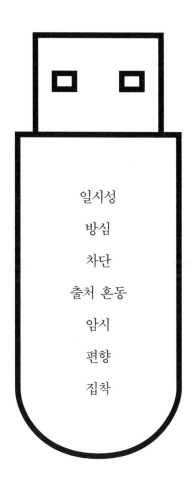

일시성

방심

차단

출처 혼동

암시

편향

집착

# 믿을 수 없는 기억

샥터가 말한 '암시의 죄'는 특히 법조계와 관련이 있다.
대체로 법정 소송은 피해자와 목격자의 증언에 크게
의존하지만, 사건에 대한 우리의 기억은 견고하지 않다.
미국의 심리학자인 엘리자베스 로프터스Elizabeth Loftus는 여러
실험에서 유도신문이 회상에 영향을 주는 양상을 증명했다.
실험에서 참가자들에게 자동차 두 대가 충돌하는 영화를
보여 주었는데 참가자들이 추측한 자동차의 속도는 질문에
'부딪칠' 때라는 단어를 쓰느냐, 혹은 '충돌할' 때라는 단어를
쓰느냐에 따라서 달라졌다.

또한 로프터스는 충격적인 사건의 기억이 특히 영향을
받기 쉽다는 것을 보여 주었다. 더욱 걱정스럽게도,
로프터스는 참가자들이 어릴 때 쇼핑몰에서 길을 잃은
적이 있다고 믿도록 유도한 실험을 통해서 우리가 아예
일어나지도 않은 일을 기억하는 것이 가능하다는 점을 보여
주었다. 이런 '거짓 기억 증후군'은 목격자 증언의 신뢰성에
의혹을 품게 하며, 억압된 기억의 영향에 대한 프로이트
이론(p.152)의 타당성에 의문을 제기한다.

# 착각과 역설

　우리의 기억과 마찬가지로 우리의 지각, 특히 삼차원의
세계를 시각적으로 이해하는 능력도 우리를 잘못된 방향으로
이끈다. 우리가 이차원의 장면을 볼 때조차 우리 정신은
사물의 상대 위치를 정확하게 찾아내기 위해 시각적인
단서를 해석한다. 우리는 어느 물체가 다른 물체 뒤에 있느냐
아니냐를 가장자리가 겹치는 형태와 익숙한 물체들의 상대적
크기를 통해서 알 수 있고, 소실점 쪽으로 모이는 평행선들은
우리에게 균형감을 제공한다. 그러나 우리 정신은 착시에
쉽게 속는다.

　1950년대에 심리학자이자 청각적 및 시각적 착각 현상을
고안한 로저 셰퍼드는 세상을 이해하는 능력이 경험에서
나온다고 설명했다. 우리가 본 것을 과거의 경험과 비교해서
해석한다는 것이다. J.J. 깁슨은 이런 두 단계 처리 과정에
이의를 제기했으며, 보고 이해하는 것은 직접 지각의 단일
처리 과정이라고 말했다. 우리 정신이 삼차원 물체의 이차원
이미지에 속을지 모르지만, 현실 세계에서는 그런 실수를
거의 저지르지 않는다는 것이다.

# 의사 결정

생각을 하고 합리적인 결정을 내리는 인간의 능력은 일반적으로 정신 작용에서 가장 중요하다고 여겨진다. 그러나 이 능력은 1970년대까지 심리학자들에게 별로 관심을 받지 못했다. 동시대 심리학자들이 기억과 지각이 오류를 일으키는 과정을 검사한 반면에, 대니얼 카너먼Daniel Kahnemen과 에이모스 트버스키Amos Tversky는 지능을 가진 우리가 왜 자주 실수를 저지르는지를 조사했다.

카너먼과 트버스키는 우리가 결정을 하기 전에 문제에 대해 생각할 능력이 있지만 그보다 대체로 과거의 경험에 바탕한 발견적 방법heuristics, 즉 '경험 규칙'에 의존한다고 결론 내렸다. 부분적인 이유는 모든 장점과 단점을 가늠할 시간이 없기 때문이고, 우리 정신이 '게으르며' 쉬운 선택을 선호하기 때문이기도 하다. 의사 결정 체계는 빠른 것과 느린 것이 있으며, 우리는 자주 빠른 사고에 의지한다. 문제는 이 체계가 종종 인지 편향의 오류에 영향 받기 쉽다는 것이다. 과거 경험은 사소하고 비전형적인 표본을 바탕으로 하며 편견이 들어간 경우가 너무 흔하다.

# 정신분석과 정신역학

19세기 말, 심리학에 대한 다른 접근법이 정신 질환의 치료 분야에서 발달했다. 이런 새로운 심리학 분과의 선두 주자는 오스트리아 빈의 신경과 의사인 지크문트 프로이트였다. 프로이트는 훈련된 한 치료사와의 대화에서 힌트를 얻은 정신의 구조와 치료를 바탕으로 정신병리학에 대한 대안적 접근법을 제안했다. 프로이트는 의식과 무의식의 역동적인 관계가 인간 행동의 핵심 요인이라고 믿었다. 정신 에너지와 관련된 '정신역학'이라는 용어가 이런 접근법을 설명하는 데에 사용된다. 정신 질환을 진단하고 치료하기 위해 개발한 프로이트의 정신분석 기법과 더불어 정신 및 정신의 구성 요소들 사이의 관계에 대한 프로이트의 이론은 엄청난 영향력을 끼쳤다. 정신역학 모형은 카를 융(p.160)과 알프레트 아들러를 비롯한 학자들에 의해 수용되고 개선되었으며, 정신 요법의 '대화 치료'(p.144)가 탄생하는 길을 열었다.

# 대화 치료

프로이트는 빈에 신경 질환 전문 병원을 열고 환자를
치료할 때 최면(p.14)을 사용했다. 여기에서 '대화 치료'라는
개념이 자라났다. 프로이트의 동료인 요제프 브로이어는 최면
암시 없이 환자가 자신의 질환에 대해서 치료사와 이야기를
하는 것만으로도 유익한 효과가 있다는 점에 처음으로
주목했다. '대화 치료'라는 용어를 만든 사람은 브로이어의
환자인 '안나 오Anna O'(실명은 베르타 파펜하임)였다.

프로이트는 대화 치료 기법을 도입했으며 심리 장애의
많은 증상이 환자의 생각과 감정을 분석하는 과정을 통해
완화될 수 있다는 것을 발견했다. 프로이트는 '히스테리'와
'신경증'에 시달리는 환자들과의 상담을 통해서 히스테리와
신경증을 비롯한 많은 질환이 내면의 갈등, 특히 의식과
무의식 사이의 갈등에 뿌리를 두고 있다는 개념을
발전시켰다. 프로이트는 대화가 이런 갈등을 파악하고
해결하는 데 도움이 되지만 치료사가 인간 정신의 구조를
알고 있으면 더욱 효과적이라고 믿었다.

# 무의식

1890년대에 실시된 프로이트의 대화 치료는 인간 정신의 구조 방식에 대한 종합적인 이론을 개발하는 계기가 됐다. 프로이트는 우리가 의식적으로 생각하는 것이 우리 정신에서 오고가는 것의 일부분에 불과함을 깨달았다. 프로이트는 의식의 표면적인 단계 아래에 우리가 쉽게 접근할 수 있는 생각과 기억을 담은 전의식이 있다는 의견을 내놓았다. 전의식 아래에는 훨씬 큰 무의식이 있으며, 프로이트는 억압된 생각과 기억과 감정이 그곳에 저장되어 있다고 믿었다. 프로이트는 이처럼 의식을 수평적으로 분할했을 뿐만 아니라 후에 정신을 이드id, 자아ego, 초자아superego의 세 부분으로 나눴다. 이드는 우리 속의 아이 같은 부분이며 '쾌락원칙'을 따라 기본적인 충동의 즉각적인 만족을 추구한다. 자아는 성인의 '현실원칙', 즉 이드를 조정하고 감독하는 이성의 소리를 따른다. 초자아는 '판단 원칙', 즉 우리 부모와 사회가 우리에게 강요한 도덕의 소리이다. 이처럼 대립되는 '소리들' 사이의 갈등이 많은 정신 문제를 일으키는 근본 원인이다.

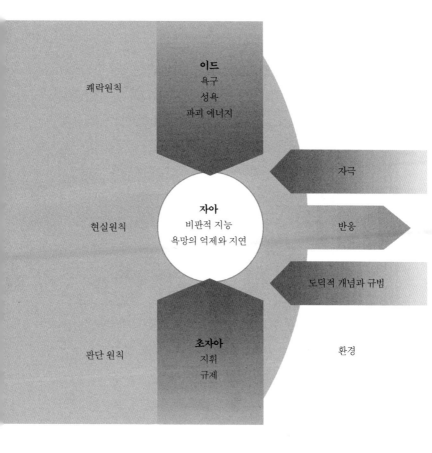

# 충동

19세기에는 우리를 특정한 방식으로 행동하게 하는 동기 뒤에 있는 '정신 에너지'라는 개념에 대한 믿음이 널리 퍼져 있었다. 프로이트는 이런 정신의 힘이 실제로 있을 뿐만 아니라 이를 우리의 의식에서 밀어내더라도 여전히 영향력을 발휘한다고 믿었다. 프로이트는 정신의 힘이 우리의 의식적인 생각과 무의식적인 행동에 계속 영향을 행사한다고 믿었다.

근본적인 에너지는 우리의 '삶에 대한 욕망'에서 나오며 음식물과 섹스와 친교와 우정 등을 향한 본능적인 충동으로 드러난다. 이는 쾌락원칙과 관련이 있기 때문에, 이드를 움직이는 에너지이자 정신에서 유일하게 완전히 무의식적인 요소이다. 이 정신 에너지로 촉발된 쾌락적인 충동은 이를 조정하려는 자아와 초자아의 영향과 충돌한다. 후에 프로이트는 정신 에너지와 대립되는 유형을 파악하고 '죽음 충동'이라고 불렀다. 죽음 충동은 자기를 파괴하고 생명이 없는 무기물 상태로 돌아가려는 욕구이다.

/ Drives

프로이트는 인간의 본성이 두 개의 기본 충동에서 나온다는 이론을 제시했다. 이 중 하나는 삶과 성에 대한 본능인 에로스이고 다른 하나는 죽음을 바라는 욕구인 타나토스이다.

# 심리적 성적 발달단계

이드의 긍정적인 '정신 에너지'에서 중요한 부분이
리비도 혹은 성욕이다. 프로이트는 성욕이 타고난 충동이며
다양한 발달단계에서 각각 다르게 영향을 미친다고 믿었다.
프로이트는 성욕이 각 발달단계에서 신체의 다른 부분을
중심으로 진행된다고 믿었다. 첫 번째 단계인 구강기에는
유아가 젖을 먹으려고 하고 그 과정에서 즐거움을 얻으면서
초점이 입에 집중된다. 다음 단계인 항문기에는 아이가
배변과 소변을 조절하는 법을 배우는 것에서 즐거움을
얻으면서 초점이 이동한다.

약 세 살부터 여섯 살까지인 남근기에 아이는 성기와 성별
차이에서 즐거움을 발견한다. 이어서 프로이트가 잠재기라고
부른 성욕 중단의 단계가 지나가면, 사춘기에 완전히 성숙한
성기기가 다시 나타난다. 어느 단계에서든 부모나 사회의
반대로 성욕이 좌절되면 관련된 성감대에 집착하게 된다.
이를테면 지나치게 깔끔을 떨고 원리 원칙을 지키는 행동을
흔히 '항문기 성격'이라고 부른다.

항공 분야의 선구자이자 산업계 거물인 하워드 휴스는 완두콩의 크기에 집착하는 등의 강박신경증에 시달렸다. 프로이트는 이런 행동이 무의식적인 내면의 갈등 탓이라고 여겼다.

# 억압

    프로이트는 중요한 발달단계에 성욕이 좌절되면 성인이 되어도 지속해서 불안이 유발되며 성적 문제는 물론이고 히스테리나 신경증의 형태로 나타난다고 설명했다. 이런 좌절의 이유는 대체로 성욕의 쾌락주의가 문화 규범에 위배되며 아이가 자신의 쾌락을 부끄럽게 느끼도록 길러지기 때문이다.

    또한 프로이트는 이런 좌절이 정신 내 갈등의 유일한 원인이 아니라는 것을 알아냈다. 의식은 용납할 수 없는 모든 것을 억압하고 무의식 속으로 억누른다. 대체로 두려움과 수치와 공포와 분노 같은 강렬한 감정을 견디지 못하며 무의식으로 보내 버린다. 어린 시절 받은 학대 같은 충격적이고 무서운 기억은 억압된다. '금지된' 사람에게 느끼는 성적 매력이나 누군가를 죽이고 싶은 비이성적인 소망처럼 우리 의식이 인정할 수 없다고 여기는 생각과 욕구도 마찬가지로 억압된다. 우리가 이처럼 억압된 생각과 감정과 기억을 알아차리지 못할 수도 있지만 이들은 우리 의식에 영향을 주는 내면의 갈등을 일으킨다.

# 분석

프로이트는 무의식과 의식 사이의 갈등으로 유발된 심리 장애를 치료하기 위해 무의식에 억압된 생각과 기억과 감정에 접근해서 분석하는 기법을 개발했다. 정신분석 학자들 입장에서 무의식은 의식이 용납할 수 없어서 억압한 것들로 구성되어 있으며, 따라서 환자는 무의식의 내용을 드러내기를 주저한다.

처음에 프로이트를 비롯한 여러 학자들은 무의식에 접근하려고 최면을 사용했지만, 나중에는 자유연상과 꿈 분석 같은 기법이 무의식적인 생각을 알아내기에 유용한 방법이라는 것을 발견했다. 정신분석의 과정에서 치료사와 환자는 무의식에 숨어 있는 기억과 생각을 탐구하고 가장 영향력 있는 억압된 생각을 파악한다. 이어서 억압된 생각을 정밀하게 조사하고, 의식과 심리적 갈등을 일으키는 감춰진 원인을 밝혀내서 해결한다.

# 자유연상

 '대화 치료'라는 용어를 만들었고 자유연상이라는
개념을 정신분석에 처음 소개한 사람은 요제프 브로이어의
환자인 안나 오였다. 안나 오는 특정한 주제에 집중하지
않고 자유롭게 이야기하도록 허용되면 증상이 줄어든다고
설명했다. 프로이트는 이 기법을 받아들였으며, 생각의
나래를 자유롭게 펼치게 두면 사람들이 자신도 모르게
무의식에 감추어진 내용을 드러낸다는 것을 알아챘다. 이는
속칭 '프로이트의 말실수' 효과라고 알려져 있다.
 프로이트는 환자들이 자유롭게 이야기하게 했을 뿐만
아니라, 생각하지 않고 한 단어나 구로 대답하도록 해서
자유연상 과정을 이끌었으며 그런 단어나 구는 때로
무의식적인 생각을 간파하는 정보를 제공했다. 프로이트는
많은 경우에서 또 다른 연상이 이루어지는 것을 발견했다.
종종 환자들이 그들의 삶에서 중요한 인물에게 향하던
감정과 생각을 치료사인 프로이트에게로 옮겼던 것이다.
이런 '전이' 과정도 억압된 생각을 탐구할 기회를 제공했다.

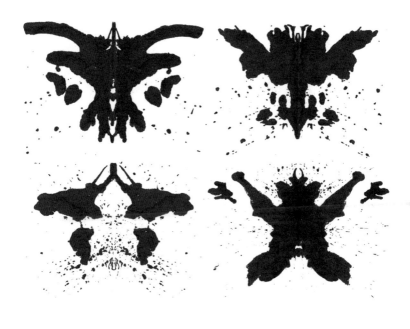

자유연상을 활용해서 잉크 얼룩의 모양을 묻는 로르샤흐의 검사 카드 10장은
환자의 내면세계에 대한 대화의 출발점이 될 수 있다.

# 꿈과 꿈 분석

우리가 잠들면 외부 세계와 접촉은 거의 없으며 우리 의식은 활동을 하지 않는다. 따라서 꿈은 순전히 무의식의 산물이며 무의식에 다가갈 수 있는 기회를 제공한다. 프로이트는 꿈을 '무의식에 이르는 왕도'라고 표현했으며 자유연상과 더불어 꿈은 프로이트 정신분석 기법의 토대였다.

프로이트는 꿈을 일종의 소원 성취라고 여겼다. 우리는 꿈에서 의식적인 이성이나 문화 규범의 제약을 받지 않기 때문에 무엇이든지 마음 내키는 대로 할 수 있다. 무의식이 진정으로 원하지만 의식이 억압하고 있는 것을 할 수 있다는 말이다. 그렇더라도 대체로 꿈은 일정한 원칙이나 의미가 없다. 그래서 분석가의 임무는 피상적으로 나타난 내용에 잠재해 있는 진짜 의미를 가려내서 환자가 꿈을 분석하도록 돕는 것이다. 또한 꿈 분석은 프로이트의 제자이며 스승 프로이트의 발상을 발전시킨 카를 융(p.160)의 정신분석에서 뚜렷하게 나타나는 특징이다. 융은 꿈에는 분석이 필요한 정신의 측면을 대변하는 풍부한 상징들이 들어 있다고 믿었다.

# / Dreams and dream analysis

잠은 무의식이 나와서 활동하는 때이다. 융은 잠 때문에 풀려난 악마와 환영이
무의식을 밝히는 실마리라고 믿었다.

# 집단 무의식

프로이트의 가장 뛰어난 제자인 카를 융은 곧 무의식에
관한 스승의 여러 이론에서 많은 결점을 발견했다.
예를 들어서 융은 정신 구조 모형을 자아, 개인 무의식,
집단 무의식으로 나눴었다. 자아는 직관적인 의식에
해당했으며, 개인 무의식은 잊히거나 억압된 모든 개인
경험의 저장소였다. 그렇지만 집단 무의식은 우리 경험에서
발전되는 것이 아니라 물려받은 별개의 정신 체계이다.

융은 모든 문화의 민간 설화와 문학과 예술에 되풀이되어
나타났었던 대단히 유사한 생각과 신화와 상징에
주목하면서, 집단 무의식이라는 발상을 발전시켰다. 융은
이런 생각과 신화와 상징은 선천적으로 인간에게 주어지며
모든 개인의 무의식에 똑같이 존재하는 원형이라고 결론을
내렸다. 이것이 그저 인류가 우주를 경험하는 유전적
경향인지, 아니면 포괄적인 '세계 정신'에 대한 언급인지는
논란의 여지가 있다.

/ The collective unconscious

# 원형

융에 따르면, 모든 인간 문화에 공통적인 상징과 등장인물과 신화가 있으며 이는 우리가 집단 무의식 속에서 가지고 있는 개념에서 나온다. 우리는 세상을 이해하고 해석하기 위해 융이 말한 '원형'을 사용하려는 선천적인 경향이 있다. 즉 그 세계를 인식 가능한 원형 이미지로 옮겨 번역하는 것이다. 통과 의례와 관련된 의식儀式과 마찬가지로, 홍수 신화 같은 모든 이야기들은 원형의 주제를 바탕으로 한다.

지혜로운 노인, 여신, 어머니, 아이, 영웅, 장난꾸러기 요정처럼 익숙한 등장인물들은 원형의 인물로 볼 수 있다. 또한 원형은 우리의 성격을 이해하게 돕기도 한다. 우리가 다른 사람에게 감추고 자신을 투사하는 진정한 자신 및 그림자와 대조적으로, 페르소나는 다른 사람에게 비치는 우리의 대외적 이미지에 해당한다. 아니무스(Animus, 여성에게 내재된 남성적 요소)와 아니마(Anima, 남성에게 내재된 여성적 요소)는 성별 성격의 상호 보완적인 '나머지 반쪽'이며 이성의 속성에 대한 이해를 돕는다.

# 열등 콤플렉스

알프레트 아들러는 한동안 프로이트의 제자들 중에서 가장 영향력 있는 사람이었으며, 정신분석의 새로운 모형인 '개인 심리학'을 제시했다. 아들러는 정신의 개별적 요소들을 분석하는 것이 아니라 개인을 나눌 수 없는 완전체로 여겼으며, 내면의 갈등보다 개인의 외부 요인을 훨씬 강조했다.

아들러는 신경증의 근본 원인으로 열등감의 중요성을 강조한 것으로 가장 유명하며, 이를 열등 콤플렉스라고 한다. 아들러의 이론은 아이의 타고난 취약성이 어른과 손위 형제자매에 대한 열등감을 느끼게 하고 아이가 성취를 하도록 자극하는 긍정적인 효과를 가진다는 내용이다. 어른이 되어서도 열등감은 자신의 결점을 보완하도록 자극하며, 이를 성공하면 성취감과 자신감이 생긴다. 열등감 때문에 체념하고 성공이나 만족을 얻지 못하는 사람이 있는가 하면, 강박적이고 만족할 줄 모르는 시도로 자신의 열등한 수준을 극복하는 사람이 있다.

/ Inferiority complex

# 정신분석과 어린이

  프로이트의 정신역학 이론은 초기 발달단계가 신경증에
중요한 영향을 준다고 강조했지만, 다음 세대에야 프로이트의
정신분석 기법이 어린이에게 처음 적용되었다. 아주
어린아이를 대상으로 한 멜라니 클라인Melanie Klein의 연구는
특히 초자아의 발달을 비롯한 프로이트의 일부 추정을
반박했으며, 클라인은 초자아를 선천적인 것으로 결론 내렸다.
  클라인은 정신역학의 갈등이 유아의 성적 충동이 젖을
먹을 때 입과 입술과 혀에 생긴 자극으로 생긴 쾌감에
집중되는 아주 초기의 발달단계부터 시작된다고 믿었다. 이
단계에서 아이와 엄마의 상호 작용이 대단히 중요하다. 아이의
동인이 '부분적 대상'(젖가슴)일 수도 있고 '전체적 대상'(한
사람으로서 엄마)일 수도 있다. 엄마가 단순히 젖을 주는 신체
기관이 아니라는 것을 아이가 인식하면서 강력한 정서적
갈등이 일어난다. 프로이트의 딸 안나 역시 아동 분석의
선구자였는데, 클라인의 이론을 거부했으며 아버지의 이론을
옹호한 채 클라인 학파의 접근법과 프로이트 학파의 접근법
사이의 연계를 막았다.

성 충동을 강조하는 프로이트 학파와 클라인 학파의 이론 간 대립은 오늘날까지
지속되고 있다.

# 진정한 자신과 거짓 자신

　소아과 의사이자 정신분석 학자인 도널드 위니콧Donald
Winnicott은 멜라니 클라인의 뒤를 이어 아동 발달에 정신분석
원리를 적용했다. 위니콧은 '진정한 자신'이라는 개념을
개발했다. 진정한 자신은 진정한 모습으로 자발적으로 살게
하며, 관계를 형성하고 창조성을 발휘하게 하며, 살아 있음을
느끼게 하는 정신의 측면을 말한다.

　위니콧에 따르면, 진정한 자신은 갓난아기와 그 갓난아기를
주로 돌보는 사람 사이의 관계에서 발전된다. 좋은 부모는
아이가 자신의 취약성을 깨닫고 정신적 충격을 받지 않도록
방지하며 자신 있게 호기심을 충족하도록 돕는다. '거짓
자신'는 일종의 보호용 가면이며, 나중에 고분고분하고 틀에
박힌 행동으로 바뀐다. 위니콧은 아이가 가지고 다니는
'안도감을 주는 담요'나 '애착 인형'이 이행 대상임을 밝힌
연구로 가장 유명하다. 아이는 엄마에게 완전히 의지하는
단계와 독립성을 발견하는 단계의 중간에서 엄마와의
유대감을 대신하는 이행 대상을 이용한다.

# 인본주의 정신분석

에이브러햄 매슬로와 칼 로저스의 인본주의
심리학(pp. 174~177)은 정신분석 치료가 프로이트 학설의
뿌리에서 멀어지도록 영향을 주었다. 매슬로는 프로이트가
설명한 원초적 충동을 넘어선 심리적 욕구를 발견했으며, 이
발견은 분석 연구가 사람들이 자신의 잠재력을 깨닫게 하는
수단으로 바뀌는 계기가 됐다.

이 운동은 정신분석 학자 카렌 호나이Karen Horney가
사회규범을 따라야 한다는 압박을 인식하면서 시작되었다.
호나이는 이를 '진정한 자신'의 진정한 바람과 '이상적
자신'의 요구 사이에서 충돌을 일으키는 의무의 폭압이라고
불렀다. 에리히 프롬이 이러한 발상을 이어받았으며, 우리가
느끼는 불안과 절망 대부분은 내면이 아니라 외부에서
위안과 즐거움을 찾는 데서 생기는 삶에 대한 불만에서
나온다고 말했다. 환경의 변화에 합리적이고 솔직하게
반응하고 자신만의 고유한 능력과 생각을 재발견해서 다른
사람 및 세상과 진정으로 가까워지면 삶에 대한 불만을
극복할 수 있다.

진짜 만족감은 외부나 다른 사람의 승인에서 만족을 찾는 것이
아니라 자신을 위해 활동하는 것을 통해서 얻을 수 있다.

# 삶의 의미

　프로이트가 처음 정신분석을 소개한 후 50년 동안
프로이트의 무의식 이론에 대한 다양한 해석이 나왔지만,
제2차 세계대전 후에야 프로이트의 근본적인 개념들에 대해
이의가 제기되었다. 프로이트 학설에서 정신역학의 핵심은
'쾌락 욕구 원칙'이다. 기본적인 쾌락을 추구하는 이 충동은
자아와 초자아의 완화 능력과 충돌한다. 매슬로〔pp. 44, 354〕
같은 인본주의 심리학자들은 인간에게 동기를 부여하는
것은 원초적인 욕구만이 아니라고 지적했다. 유대인으로서
나치 강제 수용소에서 견딜 수 없는 고통을 당한 경험이 있는
빈의 정신과 의사 빅토어 프랑클은 '쾌락 의지'를 우리의
원초적인 동기로 보는 것에조차 의문을 제기했다. 대신에
프랑클은 우리가 '의미를 찾으려는 의지'에 의해 움직인다고
말했다. 가장 중요한 것은 삶의 의미를 찾는 것이라는 말이다.
우리는 환경이 우리에게 어떻게 영향을 줄지 결정할 자유가
있고 우리에게 의미가 있도록 상황을 해석할 수 있다. 이렇게
생각할 경우 의미가 있는 고통이라면 그 고통마저도 견딜 수
있다.

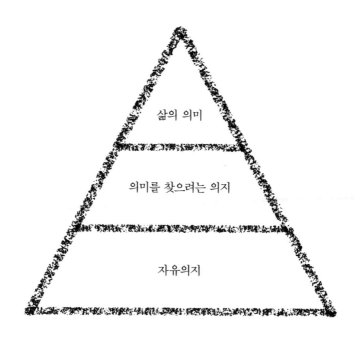

삶의 의미

의미를 찾으려는 의지

자유의지

# 실존주의 심리요법

　모든 생명체와 마찬가지로 인간은 쾌락을 추구하고
고통을 피하는 자연적인 경향을 가지고 있다. 쾌락
추구는 프로이트 학파 정신분석 이론의 기본 원리이지만,
키르케고르, 니체(사진), 하이데거를 비롯한 실존주의
철학자들은 쾌락 추구는 현실 사회에서 우리의 실존을
반영하지 않으며, 우리는 자기 실존의 모든 면에 대해 책임을
져야 한다고 주장했다.

　정신분석에 실존주의 원칙을 처음 적용한 사람 중
하나는 매슬로의 인본주의 심리학에 영향을 받은 미국의
심리학자 롤로 메이Rollo May였다. 메이는 다른 종류의
고통과 마찬가지로 불안이 인간 실존에서 정상적인
부분이라고 말했다. 부정적인 감정을 억압하면 심리적인
문제가 일어난다. 따라서 불편하고 불쾌한 감정과 경험을
비정상적으로 여길 것이 아니라 받아들이는 방법을 배워야
한다. 고통스러운 감정과 사건은 필연적으로 일어나게 되어
있으며, 피하지 않고 받아들이면 개인의 성장에 도움이 될
수도 있다.

# 게슈탈트 요법

제2차 세계대전 후 수년간에 걸쳐서 서구 사회에
갈수록 개인주의가 퍼졌으며, 이는 심리학에 인본주의와
실존주의의 사고가 확산되도록 했다. 이 시기에 등장한
'대화 치료'의 새로운 형태는 프리츠 펄스와 그의 아내
라우라 펄스가 개발한 게슈탈트 요법이었다.

두 사람이 제안한 것은 전통적인 프로이트 학파의
무의식 충동이라는 개념과는 완전히 다른 접근법이었으며,
경험을 보는 방식이 아니라 개인의 지각에 초점을 맞췄다.
이런 이유로 연관성이 거의 없는 형태심리학〔p.110〕에서
'게슈탈트Gestalt'라는 용어를 따왔다. 펄스는 우리가 다른
사람들의 가치관과 생각을 통해서 만족을 추구하는 것이
아니라 자기의 욕구에 따라서 살면서 세상과 실존에 대한
각자의 '진실'을 발견하게 된다고 믿었다. 우리가 지각을
하고 세상에 반응하며 변화하는 환경에 적응하는 방식을
통제하는 책임은 순전히 각자에 달려 있다.

게슈탈트 요법의 '빈 의자' 기법에서 환자는 빈 의자에 누군가 앉아 있다고 상상하고 말을 거는 과정을 통해 자신의 성격이나 생각이나 감정 및 자신에게 중요한 사람을 파악하게 된다.

# '타자'

프랑스의 정신분석 학자인 자크 라캉은 프로이트 학파의 정신역학 이론의 열렬한 숭배자였지만, 무의식의 본질에 대한 견해로 많은 전통주의자들을 당황시켰다. 정신분석의 거의 모든 버전에서 무의식은 우리의 가장 사적인 생각과 감정이 자리 잡고 있는 곳이며, 의식적인 자아와 소통하는 우리 자아의 한 측면이다.

반면 라캉은 우리 자신이 외부 세계와 완전히 분리되어 존재한다는 생각은 잘못이라고 주장했다. 우리는 자신을 제외한 다른 모든 것, 즉 '타자他者'의 존재를 인식해야 타자와 완전히 다른 별개로 자신을 정의할 수 있다. 타자라는 개념이 있어야만 자의식이 생긴다. 우리는 타자가 우리에게 모습을 드러내는 방식, 즉 라캉이 '담론'이라고 부른 신호를 통해서 타자를 이해한다. 타자에 대한 우리의 이해가 자신을 규정하기 때문에 내면세계인 무의식은 타자에 기초를 두고 구성된다. 우리는 타자의 언어로만 생각하고 소통할 수 있으며, 무의식은 이런 담론을 통해서만 표현될 수 있다.

/ 'The Other'

$$a \qquad A$$

'오트르autre'          '오트르Autre'

'소문자 타자'            '타자'

라캉은 자신의 개념에 내수학(숫자 대신에 문자를 사용하여 수의 관계, 성질, 계산 법칙 따위를 연구하는 학문. 옮긴이) 기호를 자주 사용했다. 여기에서 '소문자 타자'는 자아의 형상화이며, '타자'는 상징의 영역에 존재한다.

# 정신병에 관한 오해

정신분석의 발전과 더불어 20세기의 정신의학은 갈수록 중요한 의학 분과로 인정받게 되었다. 흔히 정신분석과 정신의학은 정반대로 보인다. 정신과 의사들은 정신역학 이론이 비과학적이라고 무시하고, 정신분석 학자들은 심리 장애가 의학 치료를 받아야 하는 병이라는 생각을 거부한다. 정신과 의사인 토머스 사즈Thomas Szasz는 정신장애를 병으로 분류하는 것에 반대하는 운동의 선봉에 섰다. 사즈는 『정신병에 관한 오해The Myth of Mental Illness』(1961년)와 『광기의 생산The Manufacture of Madness』(1970년)에서 뇌에 물리적 손상을 일으키는 일부 질병을 제외하면 정신병을 진단할 객관적으로 입증된 방법이 없다고 주장했다. 환자가 질병의 증상을 보일 수 있지만 이런 증상은 '삶의 문제'로 표현하는 것이 적절하다(사즈는 '정신장애'라는 말을 거부했다). 종교가 비정상적인 행동을 악마에 홀린 증거라고 낙인찍고 과학이 충격적인 행동에 정신이상이라는 오명을 씌웠듯이, 이제 정신의학은 빈약한 증거를 바탕으로 사회의 일부 집단에게 정신적으로 질병이 있다는 꼬리표를 달아 이들을 소외시키고 있다.

역사적으로 거의 항상 정신장애로 고통 받는 사람들은 비난을 받았으며 갇히거나
지독한 상황을 강제로 견뎌야 했다.

# 반정신의학

　사즈(p. 180)가 정신병이라는 개념을 단호히 거부한
근거는 정신병이 존재한다는 병리학적인 증거가 없다는
이유에서였지만 그 밖에 사회적이고 정치적인 측면도 있었다.
특정한 행동을 의학 치료를 받아야 하는 질병의 증상으로
분류하면, 정신의학이 사회통제의 수단으로 사용될 수 있다.
사즈는 압제 정권뿐만 아니라 소위 자유 진영에서조차 이런
사회통제가 일어나고 있다고 말했다.

　많은 심리학자들이 (그리고 일부 정신과 의사들조차) 이 의견에
동의했으며, 1960년대에 R.D. 랭R.D. Laing과 데이비드 쿠퍼와
같은 정신과 의사들을 주축으로 정신의학에 반대하는
반정신의학 운동이 영국에서 활기차게 일어났다. 랭은
사즈의 개념을 더욱 진척시켰고, 정신의학이 정신병을 행동
증상으로 진단하며 생리학이 아니라 생물학으로 치료한다고
말했다. 랭은 항정신병 약과 외과 수술의 사용에 반대했으며
정신의학이 사회 및 문화적 요인을 검사해야 한다고
주장했다. 랭은 사회 및 문화적 요인이 정신적인 고통의 근본
원인이라고 봤다.

영화 〈뻐꾸기 둥지 위로 날아간 새〉는 '바람직하지 않은' 행동을 통제하기 위해 약과 수술을 사용하는 정신의학의 폐단을 강력하게 고발한다.

# 교류 분석

　20세기 하반기, 정신분석이 개인에게 주안점을 둔 반면에, 캐나다 출신 정신과 의사 에릭 번은 개인들 간의 관계와 상호 작용에 관심을 집중했다. 번은 이런 상호 작용, 즉 '교류'가 일상적인 상황에서 한정된 수의 패턴을 따른다는 점에 주목했다. 번은 대단한 인기를 얻은 책인 『심리 게임The Games People Play』에서 '게임'이라고 이름 붙인 이런 패턴이 보이는 양상을 교류 분석 기법을 통해서 보여 주었다.

　어떤 '게임'에서든 각 배우는 세 가지 '자아 상태' 중 한 가지 역할을 한다. 세 가지 역할은 부모(비판적이고 권위적인 태도 혹은 양육에 중점을 두는 태도 중 하나), 어른(이성과 현실의 목소리), 아이(본능적이고 자유분방한 태도 혹은 다른 사람에게 순응하는 태도 중 하나)이다. 우리 자신의 이런 면들은 상황을 처리하는 각자의 방법을 가지고 있다. 교류가 일어나는 패턴은 부모 대 아이, 혹은 어른 대 어른과 같은 식으로 두 명의 참가자가 취하는 자아 상태에 따라서 규정된다.

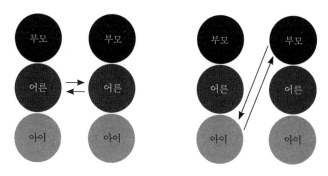

단순한 어른 – 어른 교류                    상호 보완적인 어른 – 아이 교류

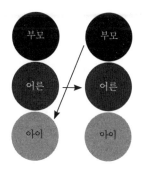

교차 교류

# 사회심리학

심리학의 초기 시절에 심리학자들은 개인의 행동과 정신 작용을 따로 연구했다. 그러나 다른 사람과의 상호 작용이 이런 작용에 영향을 준다는 것이 점차 분명해졌다. 1930년대에 사회심리학이 개별적인 연구 분야로 정착했다. 사회심리학은 우리가 집단 속에서 혹은 일대일 상황에서 다른 사람에게 반응해서 생각하고 행동하는 방식, 그리고 우리의 생각과 태도가 다른 사람과의 상호 작용에 영향을 주는 양상을 연구한다.

다른 사람의 존재가 성과에 미치는 영향에 대한 초기의 연구에서부터 작은 집단의 행동에 대한 쿠르트 레빈Kurt Lewin의 선구적인 연구에 이르기까지, 사회심리학은 순응과 복종, 반사회적 행동 및 친사회적 행동, 태도와 설득, 대인 관계 같은 주제들을 모두 아우르는 범위로 확대됐다. 사회적 상호 관계에 대한 심리학은 다른 심리학 분과의 견해에 영향을 미쳤다. 또한 이 심리학은 상업적 세계에서 관리 태도, 조직 구조, 광고에 영향을 미쳤다.

〈12명의 성난 사람들〉에서 극적인 사건은 배심원단이 합의에 이르려고 노력하는
가운데 일어나는 개인들 간의 상호 작용을 중심으로 진행된다.

# 성과

1898년 미국에서 노먼 트리플렛Norman Triplett이 처음으로 사회심리학 연구를 실시했다. 트리플렛은 사이클 선수들이 혼자 훈련할 때보다 다른 선수들과 함께 훈련할 때 속도가 더 빠르다는 사실을 발견했다. 트리플렛은 어린이들이 낚싯줄을 감는 실험에서 중요한 점은 경쟁이 아니라는 것을 알게 되었다. 다른 사람이 주변에 있는 것만으로도 성과가 나왔다.

최초의 진정한 사회심리학자라고 할 수 있는 플로이드 올포트Floyd Allport가 1920년대에 한층 진전된 연구를 실시했다. 올포트는 다양한 임무가 집단 속에서 이루어질 때 훨씬 성과가 향상된다는 사실을 발견했으며, 이를 '사회적 촉진'이라고 불렀다. 트리플렛과 올포트가 사회적 촉진 현상을 알아냈지만, 이에 대한 이론은 1960년대에 이르러서야 나왔다. 로버트 자이온스Robert Zajonc는 '활성화 이론'을 통해 다른 개체가 존재만으로도 자극이 된다는 것을 보였다. 이런 자극은 단순하거나 연습한 임무의 성과는 향상시키는 반면, 복잡하거나 새로운 임무의 성과는 약화시킨다.

# 사회적 태만

집단의 일원이라는 점이 행동에 영향을 미치는 양상을 처음 연구한 사람은 심리학자가 아니라 농학자였다. 1913년, 막스 링겔만Max Ringelmann은 집단으로 줄다리기를 할 때 혼자서 줄다리기를 할 때보다 힘을 덜 준다는 사실을 발견했다. 이 '링겔만 효과'가 집단 구성원들 사이의 협동이 부족해서인지 아니면 개인의 수행이 부족해서인지는 확실하지 않았다. 1970년대에 링겔만의 실험을 정교하게 개선해서 실시한 실험들은 '사회적 태만'이 원인이라는 것을 보여 주었다. 집단에 속한 사람들은 혼자서 활동할 때보다 노력을 덜 한다는 것이다. 빕 라테인Bibb Latané은 다른 상황에서 이 효과를 시험했다. 헤드폰을 쓰고 눈가리개를 한 사람들은 자신들이 집단에 속해 있으며 개인의 기여도를 구분할 수 없다고 믿을 때는 좀 더 작은 소리로 외치거나 손뼉을 쳤다. 라테인은 이렇게 수행이 감소한 원인이 거저먹기라기보다는 수행을 해야 한다는 압박감과 책임감을 공유하기 때문이라고 결론을 내렸다. 집단에서 사람의 수가 증가하면 각 구성원의 노력이 줄어든다.

/ Social loafing

# 집단 작업

일반적으로 현대 사회심리학은 1933년에 미국으로 이주한
유대인 심리학자 쿠르트 레빈의 연구를 기초로 설립되었다고
간주한다. 레빈은 행동주의(p.46)와 형태심리학(p.110)
분야에서 이력을 쌓았으며 집단을 과학적으로 연구한 최초의
학자 중 하나이다. 레빈은 집단의 형성과 유지 방식, 집단 내
상호 작용과 다른 집단과의 상호 작용의 본질을 연구했다.

집단은 동일한 목표나 공동의 가치관과 신념을 가지고
모인 사람들의 무리이다. 이 정의에는 비공식적인 사회집단,
스포츠 팀, 종교 집단이나 정치집단, 작업 집단이 포함된다.
레빈이 특히 관심을 가진 점은 집단을 형성하고 유지하는
근본적인 상호 작용의 과정, 구성원들이 상호 의존적이
되는 양상, 구성원들의 생각과 행동이 집단 전체에 영향을
주는 방식이었다. 레빈은 집단 구성원들이 공통적인 지각을
형성하고 변화는 상황에 반응하는 방식을 설명하기 위해
'집단역학'이라는 용어를 만들었다.

# 장 이론

레빈은 자신의 이론에 정확한 과학적 근거를 부여하고
싶었으며, 물리학과 공학에서의 '힘'과 마찬가지로 집단의
행동에 미치는 영향도 수학 용어로 표현될 수 있다고 믿었다.
다양한 상황은 개인과 집단에게 힘을 발휘하며, 원동력이
되어 목표를 향한 움직임을 도울 수도 있지만 그 움직임을
방해할 수도 있다.

이런 물리적이고 사회적인 힘은 집단이나 개인의 '장場'에
따라 작용하며, 장에는 집단이나 개인의 목표와 포부뿐만
아니라 희망과 두려움과 욕구와 동기와 가치관과 신념이
포함된다(게슈탈트 지각 이론을 변형한 개념). 레빈이 '생활
공간'이라고 일컬은 한 개인의 장은 외부의 힘에 반응해서
끊임없이 변하고, 외부의 상황이 내면화된 정도에 따라서
생각과 태도와 행동을 형성한다. 이 개념으로부터 레빈은
외부 자극이 개인과 집단의 행동에 주는 영향을 가늠하는
힘의 장 분석 과정을 개발했다.

힘의 장 분석

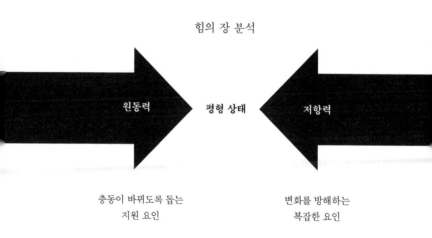

| 원동력 | 평형 상태 | 저항력 |

충동이 바뀌도록 돕는
지원 요인

변화를 방해하는
복잡한 요인

# 팀과 리더

레빈은 집단과 집단역학에 대한 상세한 연구에서 심리학 연구의 새로운 분야에 영감을 주었을 뿐만 아니라 조직 관리에 영향을 끼친 여러 개념을 개발했다. 특히 흥미로운 것은 '집단응집력', 즉 개인들을 단결하게 하는 결속력과 사기와 공동체 정신과 같은 과정이었다. 집단이 한 팀으로 움직이려면 공동 목표나 믿음을 공유하는 것만으로는 부족하다. 각각의 구성원이 집단에 필수적인 일원이라고 스스로 느껴야 하며 자신들의 행복이 집단 전체의 행복에 달려 있다는 점을 인식해야 한다.

오스트레일리아의 심리학자인 엘턴 메이오Elton Mayo는 어느 집단에서나 계급이 발달하고 공식적 혹은 비공식적으로 집단 응집력을 조장하기 위해 지도 체제가 등장한다는 경향을 발견했다. 좋은 지도자는 집단의 다양한 욕구를 안다. 이를테면 임무 욕구(목표를 달성하기 위해 무엇을 해야 하는가), 협력의 촉진과 같은 집단 욕구, 개인 욕구(각 구성원이 해당 임무에서 무엇을 얻고 싶어 하는가)가 있다.

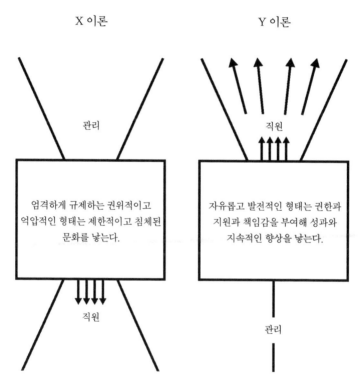

X 이론              Y 이론

관리              직원

엄격하게 규제하는 권위적이고 억압적인 형태는 제한적이고 침체된 문화를 낳는다.

자유롭고 발전적인 형태는 권한과 지원과 책임감을 부여해 성과와 지속적인 향상을 낳는다.

직원              관리

더글러스 맥그리거에 따르면 기본적인 두 개의 관리 형태는 관리자가 자신의 팀이 게으르다고 추정하는 (권위적) X 이론과 팀원들이 신뢰를 받는 (협력적) Y 이론으로 나뉜다.

# 순응 욕구

사회집단에 대한 레빈의 선구적인 연구는 주로 구성원이 집단역학에 미치는 영향과 집단이 변하는 환경에 반응하는 방식에 집중됐다. 특히 무자퍼 셰리프Muzafer Sherif와 솔로몬 아시Soloman Asch를 비롯한 사회심리학자들은 사회집단의 일원이라는 점이 개인의 생각과 행동에 영향을 미치는 양상으로 관심을 돌렸다. 아시는 집단을 단결케 하는 공동의 이해와는 별개로 구성원들이 집단의 규범에 순응하는 경향이 있다는 것을 발견했다. 이는 후에 스탠리 밀그램Stanley Milgram이 연구한(p. 208) 준수(자발적인 찬성)와 복종(명령 추종)과 다르다. 사실 대체로 순응 욕구는 개인의 가치관과 지각을 압도할 정도로 강하며, 자신의 정상적인 신념에 어긋나는 행동과 생각을 하게 한다. 이런 경향이 집단응집력을 유지하는 긍정적인 힘이 될 수 있지만, 아시는 순응 욕구의 사회적 영향에 도사린 위험성도 파악했다.

# 순응의 힘

솔로몬 아시는 1950년대에 실시된 일련의 실험에서 순응에 대한 자신의 생각을 확인했다. 실험 참가자들에게는 간단한 지각 연구라고 이야기한 후, 앞잡이들로 구성된 집단을 알리지 않고 각 집단에 배정했다. 이어서 카드 18장에 그려진 선의 길이를 비교하게 했다. 모두 정답이 분명하게 보이는 문제였다.

'진짜' 참가자는 다른 구성원들 대부분이 대답한 다음에 질문을 받았으며, 여섯 번의 시험 후에 앞잡이들이 일부러 틀린 답을 말하기 시작했다. 시험 중 3분의 1 이상에서 참가자들은 대다수의 의견에 순응하려고 빤히 틀린 답을 말했으며, 참가자들의 4분의 3이 적어도 한 번은 그런 행동을 보였다. 이후 실시된 면담에서 일부 참가자들은 자신들이 말한 답이 틀렸다는 사실을 알았지만 너무 튀거나 어리석게 보이기 싫어서 다른 사람들을 따라 했다고 인정했다. 하지만 틀린 답을 말했다는 사실을 깨닫지 못했다고 보고한 참가자들도 있었다.

# 집단 사고

    순응은 집단응집력을 강화하는 데 유용한 사회적 기능을 해서 목표를 달성하도록 도움을 주지만, 부정적인 영향도 미칠 수 있다. 미국에서 극단적 초보수적 반공주의가 선풍을 일으키던 때 실시된 아시의 순응 실험은 개인이 대다수 의견으로 보이는 의견에 동의한다고 확신하게 된다는 점을 알려 준다. 이렇게 되면 기자 윌리엄 H. 화이트가 말한 '집단 사고'의 위험이 발생한다. 응집 욕구가 지나쳐서 비이성적이고 잘못된 결정을 내리게 된다. 사회심리학자 어빙 제니스는 순응 압박이 거의 복종으로 발전하며 독립적, 이성적 생각을 압도한다고 지적했다. 명백하게 잘못된 결정을 만장일치로 지지하게 되며, 곧 이런 태도에 아무 문제가 없다고 생각하게 된다. 또한 집단 사고는 '골칫덩어리' 반대자를 배척하며 다른 집단을 향해 호전적인 경향을 조장한다. 제니스는 토론을 권장하거나 일부러 반대 의견을 말하는 사람을 지정하거나 집단 외부 사람과 의논하는 공정한 지도자가 있으면 이런 문제를 피할 수 있다고 제안한다.

# 내집단과 외집단

집단 사고의 또 다른 부정적인 결과는 '내집단'과 '외집단'의 형성이다. 무자퍼 셰리프는 1961년에 한 하계 캠프에서 소년들을 대상으로 실시한 유명한 연구에서 내집단의 갈등이 자원을 차지하기 위한 경쟁의 결과라는 것을 보여 주었다. 11세와 12세의 소년들은 캠프에 도착하자마자 두 집단으로 나뉘었다. 어느 집단도 다른 집단이 있다는 것을 몰랐으며, 실험의 1단계에서 두 집단 모두 다양한 활동을 별도로 실시했다. 두 집단은 공동체 의식을 키웠고 각각 이글스와 래틀러스라는 이름도 지었다.

2단계에서 셰리프는 두 집단을 합해 놓고 이기는 집단에게 상이 돌아가는 여러 대회를 열었다. 이 단계에서 편견이 보이기 시작했고 소년들은 갈수록 공격적으로 바뀌었다. 대회 후의 냉각기 동안에도 소년들은 자기 집단의 능력을 상대 집단보다 훨씬 높게 평가했으며 상대 집단을 부정적인 말로 비판했다. 갈등은 두 집단이 공동의 목표를 위해 협력하도록 강제로 유도하고 나서야 해결되었다.

# 그저 명령에 따를 뿐?

　나치 전범에 대한 뉘른베르크 재판이 열리는 동안
많은 참관인들이 겉보기에 평범한 보통 사람들이 그토록
비인간적인 잔학 행위를 저질렀다는 사실에 충격을 받았다.
많은 피고인들이 그저 명령을 따랐을 뿐이라고 변명했다.
사회심리학자들은 의문을 가졌다. 권력에 적극적으로
복종하는 자세가 우리 행동에 얼마나 많은 영향을 줄까?
사회집단에서 순응 욕구가 개인의 가치관과 신념보다
우선한다는 사실은 이미 알려져 있었다. 따라서 복종도
비슷한 현상을 가진 것으로 보였다.

　스탠리 밀그램은 유명한 일련의 실험에서 모든 참가자들이
지시를 받자, 아무 죄도 없는 사람에게 고통스러운 전기
충격을 가한다는 점을 발견했다(p. 208). 이 실험 및 유사한
실험들은 우리가 권위자로 여기는 사람에게 복종하는 경향이
있다는 불편한 결론을 내렸다. 우리는 어린 나이부터 가정과
학교와 사회에서 복종을 학습하며, 복종이 몸에 너무 깊이
뿌리박힌지라 자율성보다 강력한 힘을 발휘한다.

/ Just following orders?

# 전기 충격 실험

 스탠리 밀그램의 유명한 전기 충격 실험은 우리가
권위자에게 복종하려고 어떤 행동까지 할 수 있는지
알아내기 위해서 시작됐다. 조작된 추첨을 통해서
참가자들에게 '교사' 역할이 배정되었고, 두 번째
참가자(사실은 밀그램과 미리 짠 공모자)에게는 '학생' 역할이
배정되었다. 교사와 학생 한 쌍은 구내전화로 연결된 서로
붙은 방에 들어갔다. 학생에게는 전극이 부착되었으며,
교사에게는 장치를 보여 주고 15볼트('약한 충격'이라고 적힘)부터
375볼트('위험: 심한 충격'이라고 적힘)를 지나 450볼트('XXX'라고
적힘)까지 전기 충격을 줄 수 있다고 믿게 했다.

 실험자의 지시에 따라 교사는 학생에게 암기 문제를
냈고, 답이 틀릴 때마다 전기 충격의 강도를 높이라는
명령을 받았다. 학생은 갈수록 고통이 심해지는 척 괴로운
비명을 질렀다. 교사가 계속하기를 망설이면, 실험자가
점차 강경하게 명령을 내렸다. 충격적이게도 모든 참가자가
300볼트까지 올린 다음에야 진행을 거부했으며 참가자의
3분의 2가 최고치인 450볼트까지 전기 충격을 주었다.

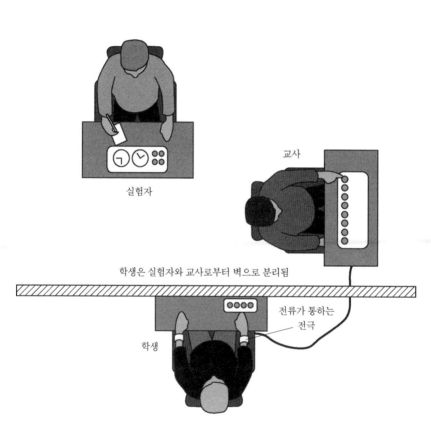

실험자

교사

학생은 실험자와 교사로부터 벽으로 분리됨

전류가 통하는
전극

학생

# 복종과 책임

밀그램의 전기 충격 실험의 결과는 심각했다. 밀그램은 보통 사람들이 권위자의 명령이라면 거의 어떤 짓도 마다하지 않았으며 이는 시급한 설명이 필요하다고 결론을 내렸다. 밀그램은 복종이 책임과 연관이 있으며, 사람들이 명령을 내린 사람에게 자기 행동에 대한 책임을 전가할 수 있을 때 더욱 적극적으로 복종한다고 믿었다. 후에 이루어진 전기 충격 실험에서, 실험자가 무슨 일이 생기면 자신이 책임을 지겠다고 분명하게 말하자 그전까지만 해도 망설이던 많은 참가자들이 사실상 치명적인 단계까지 충격을 가했다. 반면 실험자가 참가자에게 책임이 있다고 말하자 더 이상 진행하는 것을 거부했다. 밀그램은 우리가 사회적 상황에서 둘 중 하나의 행동을 한다고 설명했다. 자율적으로 행동하면서 행동의 결과에 대한 책임을 지거나, 다른 사람들의 '대리인'으로 행동하면서 그들에게 책임을 전가한다. 우리는 다른 사람의 대리인으로 행동하기 전에 그 사람의 권한이 법적, 도덕적으로 정당하다고 인식해야 하고 그 사람이 결과에 책임을 진다는 확신이 있어야 한다.

# 스탠퍼드 감옥 실험

밀그램의 복종 실험 후 10년이 지나서, 그의 고등학교 동급생인 필립 짐바르도Philip Zimbardo는 착한 사람이 나쁜 짓을 하게 만드는 원인의 다른 측면을 연구하기 위해 스탠퍼드 감옥 실험을 고안했다. 스탠퍼드 대학교 학생들인 참가자들 24명은 무작위로 '교도관'과 '죄수'로 나뉘어 가짜 감옥에 갇혔다. 교도관들은 제복, 선글라스, 호루라기, 수갑, 곤봉을 지급받았다. 이름이 아니라 수감 번호로 불린 죄수들은 발가벗은 채 몸수색을 당했으며 죄수복을 입고 발목에 족쇄를 찼다.

구체적인 지시를 받지 않은 상태에서 교도관들과 죄수들은 각자의 역할에 적응했다. 교도관들은 예외 없이 점차 권위적이고 폭력적으로 바뀌었고, 죄수들은 가학적인 체벌에 저항했지만 극심한 고통에 시달렸다. 짐바르도는 이 실험을 2주 동안 진행할 계획이었으나, 단 며칠 만에 몇몇 죄수들이 너무 심각한 충격을 받자 첫 주가 지나기도 전에 실험을 포기했다.

/ The Stanford prison experiment

# 사회적 상황의 힘

　스탠퍼드 감옥 실험은 참가자들이 자행한 충격적인
행동과 실험 중에 유발된 심리적 고통으로 악명이 높았다.
이 실험은 착한 사람이 흉악한 상황에 처할 때 일어나는
일을 극적으로 선보였다. 아시와 밀그램은 순응과 복종은
사람이 자신의 가치관과 신념에 어긋나는 일을 하게
만든다는 것을 입증했고, 짐바르도의 연구는 상황에 따른
압박도 있다는 것을 보여 주었다.

　보통 사람은 자신에게 할당된 사회적 역할에 아주 빠르게
적응한다. 자신의 역할이 하급자이다 싶으면 권위자에게
복종한다. 하지만 사회적으로 권위가 있는 역할을 하게
되면 권력을 휘두를 뿐 아니라 종종 남용한다. 사회적 혹은
제도적 힘이 행동에 미치는 영향력은 사회적 역할이 (제복과
죄수복의 경우에서처럼) 개인의 고유한 특성을 제거할 때 특히
뚜렷하다. '몰개성'의 과정에서 사회적 역할과 상황의 압박
때문에 개인의 정체성이 흔들린다.

# 공격성과 반사회적 행동

아시, 밀그램, 짐바르도의 연구들은 행동에 영향을 줄
수 있는 순응과 복종과 상황의 사회적 힘을 조사했지만,
공격성과 반사회적 행동에 대한 완전한 설명을 제공하지는
않았다. 콘라트 로렌츠와 같은 일부 심리학자들은
공격성이 본능적인 생존 작용이라고 설명했으며, 앨버트
반두라(p. 268)는 공격적인 행동을 다른 사람에게 배운다고
믿었다. 존 달라드와 닐 E. 밀러는 공격성을 유발하는 사회적
힘을 조사하고 공격성은 욕구불만의 결과라고 주장했다.
우리는 노력과 욕구가 차단되면 만족을 방해하는 것을
향해 공격성을 분출하며, 자신의 잘못이 원인이면 희생양을
찾는다. 이것은 레너드 버코위츠Leonard Berkowitz에게 부분적인
설명에 불과했다. 버코위츠는 욕구불만이 공격성이 아니라
분노로 이어지며 분노는 공격적인 반응을 유발하는 많은
고통 중 하나일 뿐이라고 믿었다. 실제로 공격적으로
행동하려면 공격적인 생각을 불러일으키는 무기나 요란한
소음이나 악취와 같은 외부 단서가 있어야 한다.

/ Aggression and antisocial behaviour

# 이타주의와 친사회적 행동

제2차 세계대전 이후 당연하게도 많은 사회심리학 연구는 보통 사람이 폭력적이고 반사회적으로 행동하도록 영향을 주는 사회적 힘을 이해하는 데 집중했다. 이런 모습도 보이지만 대개 사람들은 서로에게 친절하게 행동하고, 우리의 사회제도는 순응과 복종의 의무만큼이나 협력과 친사회적 행동에 의지한다.

진화 심리학자들은 그런 이타적인 행동이 우리에게 내재해 있다고 여긴다. 다른 사회심리학자들은 사회 교환 이론(행동의 비용과 보상을 신중하게 저울질하는 이론)을 제안했으며, 이타주의로 보이지만 궁극적으로는 자신에게 이로운 행동을 하는 것 뿐이라고 주장했다. 모든 사람이 친사회적 행동에 대한 냉소적인 해석에 동의하지는 않았다. C. 대니얼 뱃슨은 우리가 다른 사람과 공감하는 능력을 통해서 진정으로 이타적인 행동을 할 수 있다고 믿었다. 다른 사람의 욕구나 괴로움을 공감하는 걱정이 친절하고 도움을 주는 행동을 하게 하는 동기로 작용한다.

# 방관자 효과

1964년에 뉴욕에서 젊은 여성이 살해되는 현장을 목격한 37명 중 단 한 사람만이 (마지못해서) 나중에 경찰에 신고한 일이 있었다. 이 사건을 계기로 심리학자인 빕 라테인과 존 달리는 사람들이 종종 도움을 주지 않거나 관여하기 싫어하는 이유를 조사하게 됐다. 라테인과 달리는 '방관자 효과'를 발견했다. 구경꾼이 많을수록 도움이 제공될 가능성이 낮다는 것이다. 라테인의 사회적 태만 이론 (p. 190)과 마찬가지로, 사람들은 주변에 다른 사람들이 많을수록 개인적 책임감을 덜 느끼는 듯하다. 라테인과 달리는 방관자의 개입에 선행되는 인지 과정과 행동 과정을 파악했다. 먼저 상황을 알아채고 나서, 위기를 인식한 후, 책임의 등급을 평가하고 행동 방침을 정한다. 또한 방관자들은 도움이 필요한 사람의 특성에 대해 판단을 한다. 술병을 들고 가는 사람보다 노인이나 장애인이 도움을 받을 가능성이 크다.

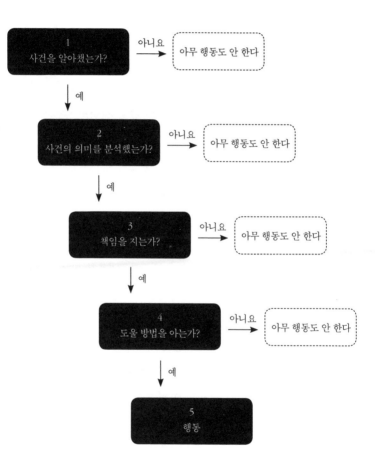

# 태도

사회심리학자들은 태도란 다른 사람이나 쟁점, 사물에 대한 긍정적 및 부정적인 견해이며 신념과 가치관의 조합으로 구성된다고 이해한다. 태도는 부분적으로는 이성적인 판단을 통해서 오랜 시간에 걸쳐 정립되지만, 가족과 공동체의 가치관과 신념에서 학습되기도 한다. 태도는 우리 자신에 대한 개념에서 중요한 부분을 차지하며, 깊게 뿌리박혀서 변화에 저항하다가 급기야 이성적인 생각을 무시한 채 편견으로 이어질 수 있다.

물론 태도는 우리 행동에 영향을 주지만, 대체로 행동을 예측하는 변수로 신뢰할 수 없다. 태도가 사회규범에 순응하면서 형성되듯이, 우리는 어느 상황에서든 근본적인 태도를 바꾸지 않은 채 규범에 맞춰 행동하는 경향이 있다. 이윽고 사회집단의 가치관과 신념(예를 들어서 소수 인종에 대한 편견)이 변하고, 개인 구성원의 태도도 점차 변한다. 일부 경우에 개인의 태도가 다양한 방법의 설득(p. 224)에 의해서 변하기도 한다.

# 설득

    1930년대, 존 B. 왓슨(p.58)은 기본적인 정서인 사랑과 공포와 분노를 부각하거나 권위자의 힘을 빌려 설득하면 소비자가 제품을 사게 된다는 것을 보여 주었다. 다른 심리학자들은 설득 방법이 태도를 바꾸는 양상에 관심을 갖고 체계적인 연구를 시작했다. 심리학자들의 관심은 나치 독일과 소련과 중공에서 널리 사용된 선전에서 촉발되었다.

    이런 선전의 특정한 요소들은 메시지의 내용과 상황은 물론이고 전달자와 목표 청중과 배포 수단과 관련된 설득의 모든 기법에서 공통적으로 드러났다. 왓슨이 증명한 대로, 우리는 이성적인 논쟁보다 감정에 의해 설득될 가능성이 크다. 예를 들자면 희생양이 된 적에 대한 두려움이나 특정한 방향으로 투표하지 않을 때의 결과 등이 있으며, 특히 권위나 호소력이 있는 수단을 통해 전달될 때 효과가 좋다.

/ Persuasion

효과적인 선전은 물건을 팔기 위해
설득 기법을 사용할 뿐만 아니라
사람들의 태도를 바꾸기 위해
권위자를 이용한다.

# 인지 부조화

깊이 뿌리박힌 태도일수록 설득 혹은 변화하는
사회규범에 의해서 바뀔 가능성이 낮다. 어떤 신념은
너무 강해서 신념에 모순되는 사실 증거를 제시해도
흔들리지 않으며 이의가 제기되면 오히려 더욱 깊숙하게
자리를 잡는다. 나중에 쿠르트 레빈의 동료가 되는 리언
페스팅거Leon Festinger는 학생 시절에 이런 현상을 '인지
부조화'라고 설명했다. 이는 우리의 신념과 사실이
일치하지 않을 때 생기는 불편한 감정을 말한다.

인지 부조화의 불편함을 줄이려면 새로운 증거를
받아들이고 신념을 바꾸거나 아예 진실을 부정하면 된다.
그 대신에 신념과 일치하는 증거를 만들 방법을 찾아도
된다. 대개 태도와 신념은 정체성의 중심이 되며, 그래서
우리는 더욱 완고하게 이를 고수한다. 강한 의견을 가진
사람은 반박하는 주장에 귀를 기울이지 않거나, 자신의
타당성에 의문을 제기하지 않는다. 논쟁의 여지가 없는
명백한 사실에 부딪쳐도 신념을 포기하기는커녕 대체
가능한 설명을 찾으려 한다.

/ Cognitive dissonance

젊은 창조론자들은 불편한 진실을 피하고 인지 부조화의 느낌을 줄이기 위해 진화의 증거들을 무시하거나 부정해야 한다.

# 예언이 틀렸을 때

    페스팅거는 1954년에 우연히 세상의 종말을 예언하는
집단을 발견했을 때 이를 인지 부조화를 연구할 기회로
여겼다. 이 종교 집단의 지도자인 도로시 마틴은 12월 21일에
세상의 종말을 불러올 대홍수가 일어나 진정한 신자를
제외한 모든 생명체가 전멸된다는 말을 외계인들에게
들었다고 주장했다. 진정한 신자들은 비행접시에 의해 구출될
것이라고 했다. 페스팅거는 동료들과 함께 이 종교 집단과
예언된 종말의 날짜 전후의 상황을 면밀하게 연구해서
『예언이 틀렸을 때When Prophecy Fail』라는 책을 썼다.

    마틴의 추종자들 중 많은 수가 종말에 대비하려고
부동산과 소유물을 팔고 직장을 그만두었지만, 아무런 일도
일어나지 않은 채 12월 21일이 지나갔다. 페스팅거의 인지
부조화 이론에서 예상했듯이, 예언이 틀렸지만 태도를
바꾸기는커녕 사실을 재해석하려는 시도가 일어났다. 마틴은
그 종교 집단의 활동 덕에 지구가 파멸을 피했다고 우겼다.
신자들은 신앙을 버리지 않았고 더 열렬하게 믿으면서
자신들의 메시지를 계속 설교했다.

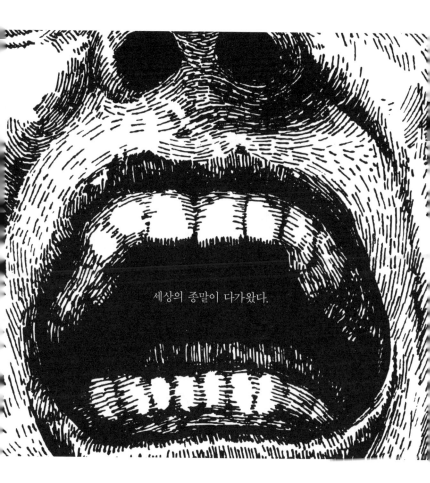

세상의 종말이 다가왔다.

# 1달러 혹은 20달러 실험

인지 부조화(신념과 증거의 불일치로 생기는 불편한 정신 상태)는 깊숙이 박힌 신념으로 일어날 뿐만 아니라 많은 상황에서 우리의 태도에 영향을 미친다. 페스팅거는 학생들이 아주 지루하고 반복되는 임무를 1시간 동안 하는 실험을 고안했다. 실험이 끝나고 일부 참가자들에게 다음 참가자(사실 페스팅거의 공모자)에게 임무가 흥미롭고 재미있다고 말하게 해서 추천과 경험 사이의 불일치를 조성했다.

참가자의 절반에게는 거짓말을 하는 대가로 1달러를 줬고 나머지 절반에게는 20달러를 줬다. 페스팅거가 예상한 대로 1달러를 받은 사람들은 20달러를 받은 사람들보다 훨씬 호의적인 말로 임무를 추천했다. 돈을 적게 받은 사람들은 부조화를 더 느꼈기 때문에 그 부조화를 줄이려고 추천하는 행동과 일치하도록 임무에 대한 평가를 변경했다. 반면에 20달러를 받은 사람들은 많은 돈을 주면서 지루한 일을 해야 하는 타당한 이유를 제공받았기 때문에 부조화가 줄어들었고, 결국 이 임무를 추천할 필요성을 덜 느꼈다.

# 대인 매력

많은 사회심리학이 사회집단들 내부나 사회집단들 사이의 상호 작용에 관심이 있지만, 특히 섹스 상대나 배우자의 선택을 비롯해서 우리가 일대일 관계를 형성하는 방식에도 관심을 갖는다. 대인 관계의 많은 측면 중 하나는 매력, 즉 애초에 사람들을 서로 잡아끄는 힘이다. 진화론적 관점에서 보면 대인 매력은 가장 건강한 자식을 낳을 수 있는 상대를 선택하려는 욕구에 좌우된다.

사회심리학자들은 관련된 사회적 요소들도 많다는 것을 보여 주었다. 정반대인 사람들끼리 끌린다는 통념과 달리, 심리학자들은 비슷한 사회 배경을 가지고 공통적인 태도와 신념과 사회적 지위를 갖춘 사람들이 서로 끌릴 가능성이 높다는 것을 발견했다. 다른 사람에게 끌리고 나면 애정 관계의 다양한 유형 중 하나로 발전한다. 로버트 스턴버그는 사랑의 유형을 낭만적 사랑, 동반자적 사랑, 어리석은 사랑 등으로 나누어서 설명했다.

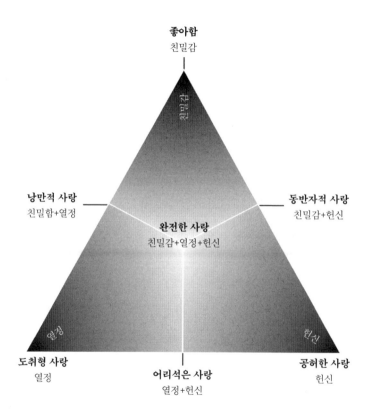

**좋아함**
친밀감

친밀감

**낭만적 사랑**          **동반자적 사랑**
친밀함+열정 —          친밀감+헌신

**완전한 사랑**
친밀감+열정+헌신

열정                              헌신

**도취형 사랑**          **어리석은 사랑**          **공허한 사랑**
열정                          열정+헌신                    헌신

사랑의 다양한 유형은 열정과 친밀감과 헌신의 유무로 구분된다. 굳건한 관계는 세
요소 모두를 바탕으로 형성된다.

# 장기적 관계

비교적 최근까지도 서구 사회를 비롯한 많은 문화에서 끌림과 사랑이 장기적 관계나 결혼을 위한 충분한 근거로 인정받지 못했다. 일부 사회에는 사회적인 공존 가능성이 서로의 이끌림보다 중요한 중매결혼의 전통이 있다. 이런 생각은 현대 자유 사회에서조차 지속된다. 사회 교환 이론에 따르면 대인 관계는 이성적인 비용 편익 분석을 바탕으로 한다. 처음에 서로 매력을 느끼는 기간이 지나가면 양측은 관계를 지속할 가치가 있는지 저울질을 하고, 여기에서 관계가 더 지속되면 교환이 아닌 공동의 이익을 바탕으로 한다. 덜 냉소적인 다른 이론들은 성공한 장기적 관계는 패턴을 따르는 경향이 있다고 주장한다. 관계가 시작될 때는 육체적 및 성적 매력이 중요하다는 특징이 있다. 이때는 헌신보다 열정과 친밀감이 우세하다. 시간이 흐르면서 열정이 가라앉고 사회적 공존 가능성이 더 중요해진다. 헌신의 형태는 낭만적 사랑의 유형에서 동반자적 사랑의 유형으로 바뀐다.

# 발달심리학

   사회심리학과 마찬가지로 발달심리학은 1930년대
이후가 되어서야 개별적인 심리학 분과로 등장했다. 그
전에는 성장 과정이 행동주의 이론에서 설명한 학습의 측면
혹은 프로이트가 설명한 심리적 성적 발달의 측면으로
다루어졌다. 우리가 성장하면서 정신 구조가 변한다는 장
피아제의 생각은 일반적인 통념을 뒤집었다. 피아제의
생각은 발달심리학이라는 새로운 분과를 확립시켰고, 정신
구조의 변화가 우리의 학습 방식에 주는 영향을 연구하게

했다. 피아제 이후로 이 연구 분야가 확대되어서 엄마와 자식
사이의 유대감부터 노년층의 잠재적 문제에 이르기까지
삶의 모든 단계에서 일어나는 변화를 아우르게 되었다.
발달심리학자들은 연구 주제를 확장해 인지와 정서와 도덕성
발달의 모든 측면, 편견 습득이나 성별 발달의 차이점 등
발달이 우리의 사회적 및 문화적 환경에 영향을 미치는
방식까지 아우르게 되었다.

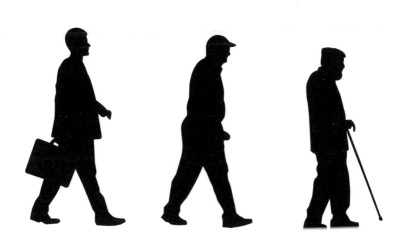

# 천성 대 양육

　지식을 타고나느냐 아니면 습득하느냐 하는 논쟁은 플라톤과 아리스토텔레스의 시대부터 맹렬하게 지속되고 있지만, 다윈의 진화론이 19세기에 과학적 기초 지식을 제공했다. 다윈의 사촌인 프랜시스 골턴은 환경과 유전이 발달에 미치는 영향에 대한 과학계의 대립적인 주장을 설명하기 위해 '천성 대 양육'이라는 말을 만들었다. 골턴은 둘 다 일정한 역할을 한다고 결론을 맺었다. 우리가 살아가는 동안 특정한 선천적인 특성이 쌓인다는 것이다.

　심리학에서는 이 논쟁이 행동주의(양육) 대 인지심리학과 발달심리학(천성)으로 양극화되었다. 그렇지만 발달심리학은 유전의 영향과 환경의 영향 사이의 관계를 조사하는 경향을 보였다. 여러 방법 중 하나는 심리학자들이 이 관계를 쌍둥이 연구에서 살펴보는 것(골턴이 개척한 방법론)이다. 같이 자란 쌍둥이는 동일한 환경의 영향을 받지만, 어린 나이에 헤어진 일란성 쌍둥이는 서로 다른 환경의 영향을 들여다볼 수 있는 기회를 제공한다.

# 애착과 분리

천성과 양육이 정신 발달에 미치는 영향은 아주 어린 나이의 아이에게서 볼 수 있다. 유아와 엄마 사이의 유대감은 아이의 보호와 생존을 위한 강한 충동이다. 존 볼비John Bowlby가 일컬은 이런 애착은 타고나며 유전적으로 내재되어 있고, 애착이라는 성질은 향후 발달의 여러 측면에 영향을 준다.

볼비는 제2차 세계대전 후 영국에서 피난 중에 부모와 헤어져서 고아가 된 아이들을 관찰하면서 이 개념을 발전시켰다. 볼비의 이론에서 핵심은 엄마 혹은 주 양육자가 아이에게 신체적, 정서적, 심리적 안정을 제공한다는 견해였다. 이는 유아가 주변 환경을 탐색하고 돌아올 안전 기지를 제공한다. 이런 애착이 중단되거나 일관성이 없거나 불규칙적이거나 심한 경우에 완전히 사라지면, 아이의 후속 발달과 관계를 맺는 능력에 영향을 준다.

# 다양한 종류의 애착

볼비의 '모성 박탈' 및 여기에서 발전한 애착 이론의 연구는 그의 동료인 메리 에인즈워스Mary Ainsworth가 이어받았다. 이미 볼비와 에인즈워스는 애착이 신체적으로나 정서적으로 안전 기지를 제공하는 반면 아이가 엄마와 떨어져 있으면 불안을 경험하는 것이 정상이라는 것을 알아냈다. 에인즈워스는 겉보기에 정상적인 엄마와 아이의 관계에서조차 엄마가 아이의 감정적 욕구와 심리적 욕구에 반응하는 수준에 따라서 애착이 각기 달라진다는 것을 발견했다. 에인즈워스는 애착을 세 가지 기본 유형인 안정 애착, 불안 애착, 저항 애착으로 구분했다(그의 동료가 네 번째로 혼란 애착을 추가했다). 가장 건강한 유형인 안정 애착에서 엄마는 아이의 욕구에 민감하고 아이는 엄마를 안전 기지로 삼아 신뢰한다. 보살핌이 충분하지 않거나 일관성이 없으면 아이는 불안-회피 애착을 갖게 되며, 분리에서 오는 불안을 회피하려고 엄마에게 무관심해진다. 이런 애착은 불안-저항 애착으로 진행될 수 있으며 그렇게 되면 아이가 엄마에게 매달리고 분리되면 극심한 괴로움에 시달린다.

# 낯선 상황 실험

　애착의 다양한 유형은 1960년대와 1970년대에
에인즈워스가 실시한 일련의 실험에서 처음 발견됐다.
에인즈워스는 나중에 '낯선 상황'이라고 알려진 절차를
사용해서 홀로 있을 때, 낯선 사람과 있을 때, 나갔던 엄마가
돌아올 때, 유아가 주변을 탐색하면서 느끼는 불안과 스트레스
지수를 검사했다. 각 실험에서 엄마와 유아는 장남감이 많이
비치된 낯선 방에 들어가고 엄마는 유아가 주변을 탐색하도록
둔다. 이어서 낯선 사람이 들어와서 먼저 엄마와 상호 작용을
한 다음에 유아와 상호 작용을 한다. 엄마가 유아를 낯선
사람에게 두고 나갔다가, 잠시 후에 유아를 안심시키기
위해 돌아온다. 그리고 나서 유아가 혼자 놀게 하고 다시
낯선 사람을 합류시킨 다음에 마지막으로 엄마가 돌아온다.
에인즈워스는 각 단계에서 유아가 독립적으로 탐색하는 시간,
특히 엄마와 떨어져 있을 때(낯선 사람과 남았을 때와 홀로 남았을 때)
괴로움의 수위, 엄마와 다시 만났을 때의 반응에 주목했다.
유아들의 행동은 세 가지 패턴에 들어맞았으며 에인즈워스는
이를 애착의 3대 기본 유형으로 정했다.

/ The Strange Situation experiment

에인즈워스의 낯선 상황 평가

1. 엄마와 유아만 방에 있는다.

↓

2. 낯선 사람이 엄마와 유아에게 합류한다.

↓

3. 엄마가 유아와 낯선 사람만 두고 나간다.

↓

4. 엄마가 돌아오고 낯선 사람이 나간다.

↓

5. 엄마가 나가고 유아가 방에 혼자 남는다.

↓

6. 낯선 사람이 돌아온다.

↓

7. 엄마가 돌아와서 아이를 안심시킨다.

# 타산적인 사랑?

볼비가 애착 이론을 개발할 당시에 존 B. 왓슨의 행동주의
육아(p.64)라는 극단적인 발상이 지배적이었다. 애착 개념이
인정을 받기는 했지만, 진화가 목적인 본능적인 작용이며
수유와 신체 보호를 중심으로 진행된다고 간주되었다.
볼비의 생각에 영향을 받은 해리 할로Harry Harlow는 애착에서
위안과 안도감의 중요성을 입증하기로 했다.

할로는 일련의 실험에서 짧은 꼬리 원숭이 새끼들에게
나무와 철사로 만든 대리모와 나무에 부드러운 천을 감싼
대리모를 주었다. 일부 실험에서 철사로 만든 '어미'는
젖병을 들고 있었고, 껴안기 좋은 어미는 젖병을 들고
있지 않았다. 새끼 원숭이는 젖병에 있는 우유를 먹었지만,
부드럽고 위안이 되는 '어미'와 시간을 보내는 것을 더
좋아했다. 할로는 새끼 원숭이가 껴안기 좋은 대리모에게
애착을 갖지만 단순히 먹이만 주는 '어미'에게는 애착을
갖지 않는다는 것을 발견했다. 할로의 실험은 볼비의 이론을
확증했다.

/ Cupboard love?

사랑과 위안은 엄마와 아이의 애착에서 필수적인 요소이다.
이 깨달음은 육아에 대한 태도에 변화를 가져왔다.

# 부모 혹은 양육자

애착과 유아 발달에 대한 초기 연구 대부분이 엄마와 아이의 관계에 초점을 맞추었다. 심리학자들은 애착이 아이와 주 양육자(아빠나 다른 가족 구성원이나 양부모가 될 수도 있다) 사이에서 생긴다는 것을 인정했지만, 엄마와 아이의 '정상적인' 상황이어야 한다고 추정했다. 여기에는 심리 장애와 분리로 인한 괴로움이 분명히 모성 박탈 때문에 일어난다는 뜻이 담겨 있었다.

마이클 러터와 브루노 베텔하임의 연구는 이런 생각에 이의를 제기했다. 러터는 정신 건강에 문제가 있는 아이들을 대상으로 한 연구를 통해서 건강 발달에 가장 영향력이 큰 것은 양육자의 존재가 아니라 보살핌의 질이라고 결론을 내렸다. 이스라엘의 생활 공동체인 키부츠에서 자라는 아이들을 대상으로 한 베텔하임의 연구는 러터의 결론을 확증했다. 러터가 보호시설에서 자란 아이에게서 심리적 손상을 발견했다면, 베텔하임은 애정으로 보살피는 환경이 밀접한 교우 관계를 쌓고 성인이 되어서 성공하는 아이를 만든다는 것을 발견했다.

# 심리의 단계

발달심리학은 아이와 어른 사이에 근본적으로 신체적
차이가 있듯이 심리적으로도 차이가 있다고 주장한 스위스의
심리학자 장 피아제 덕분에 전환점을 맞이했다. 피아제는
정신 발달은 단순히 학습의 문제가 아니며 우리 정신이
유아에서 성인으로 변화하는 과정을 거친다고 주장했다.

피아제가 아이들이 자라고 배운 과정을 관찰한 내용은
아이를 '어른의 축소판'으로 보는 지배적인 관점이
잘못되었음을 증명했으며 심리 발달이 식별 가능한 여러
단계로 진행된다는 결론을 맺게 했다. 외부 세계에서 정보를
받아들이고 인지·사회·운동 기능을 쌓기 위해 아이의 정신은
단계별로 각기 다른 방식으로 작용한다. 피아제는 당시
우세하던 행동주의의 생각을 반박하며 이런 진행이 모든
단계에서 공통적이라고 주장했으며 학습을 통해서가 아니라
선천적이고 유전적으로 결정된다고 주장했다.

# 인지 발달단계

    피아제는 아이의 인지 능력이 개별적인 4단계로
발전한다는 것을 발견했다. 모든 아이들은 각 단계를 동일한
순서로 거친다. 전 단계 발달이 완료되어야만 다음 단계로
넘어갈 수 있지만, 아이들 대부분이 대략 동일한 나이에
단계 변화가 일어나는 듯하다. 1단계에서 유아는 감각과
신체 활동을 통해서 외부 세계에 대해서 배우고, 단순한
발견에서 시작해서 의도적인 탐색과 대상에 대한 이해로
발전한다. 태어나서부터 2세까지의 시기인 이 단계를
피아제는 감각운동기라고 불렀다. 2단계인 전조작기에서는
말을 사용하고 색깔이나 크기에 따라서 물건을 이치에 맞게
배열하기 시작한다. 7세가 되면 구체적조작기에 들어간다.
대상들의 양, 무게, 부피 등을 비교해서 이해하며 논리적인
추론을 이용한다. 형식적조작기는 아이가 논리적으로
생각하는 능력이 쌓이는 11세경에 시작되며 언어 추론과
상상을 이용해서 추상적 개념을 생각한다.

이 단계의 청소년은 추상적인 추론이 가능하고 가설을
세워서 생각할 수 있다.

### 형식적조작기(11세~성인)

이 단계의 어린이는 구체적 대상에 대해서 논리적으로
생각할 수 있으며, 따라서 덧셈과 뺄셈을 할 수 있다. 또한
대화를 이해한다.

### 구체적조작기(7~11세)

이 단계의 어린이는 상징(말과 이미지)으로 대상을
표현할 수 있지만 논리적으로 추론하지 않는다. 또한 흉내를
낼 수 있으며, 자기 중심적이다.

### 전조작기(2~7세)

유아는 직접적인 감각 및 운동 접촉을 통해 세상을
탐색한다. 이 단계에서 대상 영속성과 분리 불안이 발달한다.

### 감각운동기(출생~2세)

# 자아 개념 발달

    피아제가 아동 인지 발달의 각 단계에서 주목한 중요한 측면은 자기 외부의 세상에 대한 인식이 성장한다는 것이다. 특히 자신 및 세상에서 자신의 위치에 대한 개념이 성장한다. 갓 태어난 아기는 완전히 자기 중심적이며, 발달의 첫 단계에서 대상을 탐색하면서 행동을 통제하는 방법을 점차 배우게 되고 서서히 자기를 인식하게 된다.

    그렇지만 전조작기에 접어들어도 여전히 자기 중심적이며 다른 사람의 관점으로 사물을 보지 못한다. 3단계로 넘어가 논리적 추론을 사용해야 대상들 사이의 관계를 이해하기 시작하고 세상에서 자신의 (상대적) 자리를 서서히 깨닫는다. 아이가 마지막 단계에 도달해서 가설을 근거로 생각할 수 있으면 자기 중심적 사고를 진정으로 넘어설 수 있다. 세 단계를 다 거치고 자아의 개념이 발달되면 아이는 자신을 다른 사람의 입장에서 상상할 수 있으며 다른 사람의 관점을 보다 완전히 이해할 수 있다.

/ Development of concept of self

# 과학자로서 아이

인지 발달 과정이 뚜렷이 구분된 단계별로 이루어진다는 피아제의 이론은 아이의 학습 방식에 영향을 미친다. 각 단계마다 아이가 다음 단계로 넘어가기 전에 숙달해야 하는 능력과 기술이 있다. 학습 과정은 단계별로 이동하며 각 단계는 전 단계를 기반으로 한다. 따라서 교육은 이런 단계를 고려하고 각 단계를 순서대로 완료할 수 있게 돕도록 구성되어야 한다.

파아제의 개념은 교육에 혁신을 일으켰다. 피아제는 학습이 탐구 과정이며 가르칠 수 있는 것이 아니라고 믿었다. 교육자, 즉 교사나 부모의 역할은 가르치는 것이 아니라 각 발달단계에 적합한 환경을 아이에게 제공하는 것이다. 이렇게 되면 아이가 과학자와 마찬가지로 실험과 직접적인 경험을 통해서 발견을 하게 된다. 아동 중심 교육은 아이의 인지 과정이 어른과 동일하다고 추측하지 않고 아이의 변화하는 지적 욕구와 능력에 초점을 맞춘다.

# 견습생으로서 아이

피아제의 이론이 널리 확산되어 이제는 아이의 인지
과정이 어른의 인지 과정과 다르며 독자적인 지적 발달
과정이 있다는 점이 일반적으로 받아들여지고 있다. 많은
심리학자와 교육학자 들이 피아제의 발달 모형을 도입했다.
그러나 아이들이 홀로 경험만을 통해서 사물을 발견하는
방식으로 발달한다는 생각에 동의하지 않는 사람도 있다.

소련 출신 심리학자 레프 비고츠키Lev Vygotsky는 이런 발달이
각기 다른 수준으로 일어난다고 여겼다. 비고츠키는 체험
활동을 꼭 혼자서 할 필요는 없으며 또래와 함께 행동하면서
배우고 발전한다고 믿었다. 또한 비고츠키는 어른의 지시와
감독이 아이의 발달을 촉진하는 데 중요한 역할을 한다고
말했다. 피아제가 아이를 과학자에 비유한 것과 달리,
비고츠키는 아이가 장인의 지도에 따라 경험에서 배우는
견습생이라고 했다. 아이가 한 가지 임무에 숙달하고 새로운
임무를 배우는 과정으로 넘어갈 때 지도가 필수적이라는
것이다.

# 문화적 · 역사적 발달

1950대의 소위 '인지 혁명' 후, 인지 과정으로서의 학습이라는 개념이 발달심리학에 영향을 미치기 시작했다. 제롬 브루너는 피아제와 비고츠키의 선구적인 연구를 이어 갔다. 브루너는 아이가 혼자서 하는 활동뿐만 아니라 여럿이 하는 활동을 통해서도 발달한다는 비고츠키의 의견에 동의했으며, 어른의 지도가 역사적이고 문화적인 배경을 아이의 발달에 제공한다고 주장했다. 그렇지만 브루너는 분명한 지적 발달의 단계가 있다는 의견에는 동의하지 않았다.

비고츠키는 인지 발달이 '직선형'으로 진행되는 것이 아니라 아이가 습득한 지식을 점차 쌓아 가면서 기본 원리로부터 보다 상세하고 정교한 지식과 기술로 옮겨 간다고 믿었다. 이런 '발판형' 진행은 엄격한 순서를 따르지 않는다. 따라서 새로 제공된 정보가 이미 배운 정보와 연결되도록 정리만 된다면 아이는 어느 나이에도 배울 수 있다. 브루너는 이런 개념을 이용해서 새로운 내용을 소개하기 전에 각 주제의 주요 원리로 돌아가 다시 교육하는 '나선형 교육과정'을 고안했다.

비고츠키 학파는 아이가 사회에서 사고 과정과 행동을 습득한다고 여긴다. 이는 학습하는 내용이 문화마다 대단한 차이가 있다는 의미이다.

# 심리 사회적 발달단계

    20세기 후반 발달이라는 개념에 영향을 준 것은 인지심리학만이 아니었다. 에릭 에릭슨의 심리 사회적 발달 이론은 피아제의 이론보다는 프로이트의 심리적 성적 발달단계(p.150)를 더 참고해서 심화했으며, 이 이론에는 각 단계마다 충돌하는 내면적 두 힘의 '위기'가 있다. 에릭슨은 다음 단계로 이동하기 전에 전 단계를 성공적으로 완료할 필요는 없으며(실패하면 나중에 문제가 발생할 수는 있다), 발달이 성인기에도 지속된다고 주장했다. 에릭슨은 심리 사회적 발달을 8단계로 나누었으며, 각 단계마다 긍정적이고 부정적인 속성을 해결해야 하는 문제를 담고 있다. 생후 몇 년 동안 유아는 신뢰감을 형성하며 수치심과 의심과 죄책감을 접하기 시작하면서 한 개인으로서 독립성을 확립한다. 학교에 들어가면 개인적인 능력을 개발하지만 동시에 다른 사람들과 자신을 비교하기 시작한다. 청소년이 되면 존재론적 의문과 씨름하고, 이어서 관계 형성하기, 가족 꾸리기, 경력 쌓기와 같은 성인의 문제에 부딪친다. 마침내 노년에 이르면 추억을 돌아보며 삶을 평가한다.

심리 사회적 발달단계

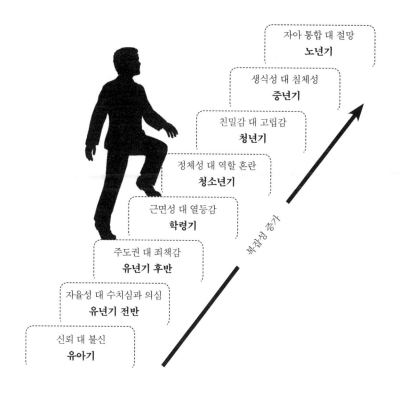

# 도덕성 발달

피아제는 아이가 논리적 추론 능력을 습득하고 자기
중심적인 경향이 줄어들면서 도덕성이 형성된다고 설명했다.
로렌스 콜버그는 도덕성의 발달이 아동기와 청소년기와
성인기의 세 시기에 걸쳐서 진행된다는 의견을 내놓았다.
시기별로 도덕적 추론의 수준이 다르며(인습 이전pre-conventional,
인습conventional, 인습 이후post-conventional), 각 시기는 다시 두
단계로 나뉜다. 인습 이전 수준인 아동기에 도덕적 추론은
정해진 규칙과 결과를 바탕으로 한다. 아동기의 첫 단계는
복종과 체벌이라는 개념으로 정의되며, 두 번째 단계에서는
자신에게 돌아오는 보상을 기준으로 도덕성을 판단한다.
인습 수준에서는 사람들의 의도에 대한 이해력이 형성된다.
이 수준의 첫 번째인 '착한 소년·소녀' 단계에서 청소년은
사회규범에 순응하고 두 번째 단계에서는 권위에 대한
존중으로 바뀐다. 인습 이후, 혹은 '원칙에 입각한' 수준인
성인기의 첫 단계에서는 인습적인 권위에 이의를 제기하고
두 번째 단계에서는 자신의 양심에 따라 윤리 원칙을 정한다.

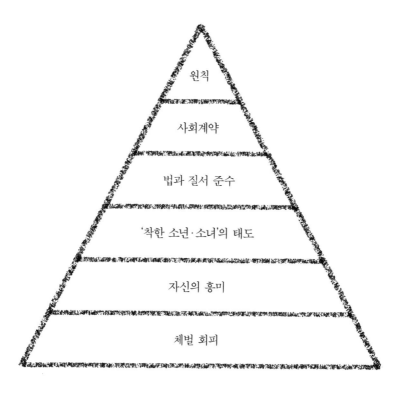

원칙

사회계약

법과 질서 준수

'착한 소년·소녀'의 태도

자신의 흥미

체벌 회피

# 사회 학습 이론

　발달심리학자들의 이론이 교육 사상에 대단한 영향을 주었지만, 도덕성 발달 분야는 행동주의 조건형성 이론이 여전히 기세를 떨치고 있었다. 도덕적으로 옳고 그름은 착한 행동이나 나쁜 행동에 대한 보상과 체벌을 통해 학습된다는 것(조작적 조건형성의 강화)이 일반적 통념이었다. 그러나 앨버트 반두라는 이 방식이 지나치게 단순하다고 생각했으며 거의 모든 행동은 다른 사람들의 행동을 관찰하면서 사회적으로 학습된다고 여겼다.

　아이는 특히 어른을 비롯한 주변 사람들이 하는 행동과 말을 인식한다. 아이는 그것을 기억하고, 마음속으로 연습하고, 부모나 다른 중요한 어른을 '역할 모델' 삼아 모방한다. 반두라의 이론에 따르면, 이 과정에는 네 가지 요소가 있다. 이는 주의(아이가 행동에 집중한다), 기억(아이가 행동을 마음에 깊이 간직한다), 재생(아이가 행동을 흉내 낸다), 동기(해당 행동을 하면 승인이나 보상이 따르는 것으로 보인다)이다.

# 보보 인형 실험

사회 학습 이론은 1960년대에 앨버트 반두라의 연구에서 나왔다. 반두라의 가장 유명한 연구는 아이의 공격적인 행동을 검사하는 '보보 인형' 실험이다. 발상은 간단했다. 3~6세의 여자 남자 아이들을 한 명씩 장난감과 게임이 갖춰진 방에 들여보냈다. 실험의 통제 집단이 남아서 노는 동안, 다른 아이들은 '어른의 구역'에서 바람이 잔뜩 들어간 보보 인형과 놀고 있는 어른 한 명과 있게 되었다. 실험 시간 중 절반 동안 어른은 짜증을 내며 공격적으로 바뀌어서 보보 인형에게 소리를 치고 주먹을 휘두르고 발길질을 하고 나무망치로 때린다. 나머지 절반 동안 어른은 소극적으로 행동한다. 이어서 각 아이를 다른 방에 가서 놀게 하다가, 이내 중단시키고(짜증 유발) 첫 번째 방으로 다시 데리고 갔다. 어른의 공격적인 행동 모형을 본 아이들은 짜증을 보보 인형에게 분출하면서, 어른이 한 대로 욕과 신체 공격을 따라했으며 스스로 만들어 낸 공격적인 행동을 하기까지 했다. 어른이 공격적으로 행동하는 모습을 보지 못한 통제 집단의 아이들은 공격적인 행동을 거의 하지 않았다.

/ The Bobo doll experiment

하단에 무게중심이 있어서
보보 인형을 때리면
오뚝이처럼 벌떡 일어난다.

무게중심

# 대중매체를 통한 학습

　반두라의 사회 학습 이론과 보보 인형 실험은 당대의
문제와 특별한 관계가 있으며 현재까지 계속되는 논쟁을
일으켰다. 당시에 텔레비전을 비롯한 다양한 대중매체가
널리 보급되고 있었다. 아이들이 전례 없이 높은 수위의
폭력적인 장면에 노출되었다(최근 걱정스러울 정도로 생생한 비디오
게임의 확산과 유사한 우려다). 아이들이 본 대로 행동한다는
관점에서 생각하면 당시 상황은 공격적인 행동이 증가하는
경향으로 이어졌겠지만, 많은 연구 결과에 따르면 그런 일은
일어나지 않았다.

　일부 심리학자들은 폭력적인 장면과 게임이 좌절과
분노를 배출하는 '안전판'의 역할을 해서 공격적인 행동이
감소하게 된다고 주장한다. 사회 학습 이론의 지지자들은
아이가 주변의 행동에 집중할 뿐만 아니라 평가도 하며
현실과의 관련성을 잘 이해한다고 주장한다. 현실의 폭력이
대중 매체에 등장하는 폭력보다 아이의 행동에 영향을 줄
가능성이 더 높다는 것이다.

/ Learning from the media

# 사회 문화적 성 발달

　20세기 후반에 2차 페미니즘 운동이 일어나기 전까지만
해도 심리학자들은 사회 문화적 성gender 발달에 대한 연구와
성 정체성 및 성적 정체성sexual and gender identity 개념에 별로
관심을 기울이지 않았다. 우리는 남자와 여자의 신체적
차이뿐만 아니라 심리 구조의 차이도 거의 항상 잘 구분한다.
어떤 사람은 진화라는 목적을 위해 특정한 성 역할이 우리
뇌에 내장되어 있다고 믿기도 한다. 이를테면 여자는 공감을
잘하는 반면에 남자는 체계화를 잘한다고 한다.

　그러나 사회 학습 이론은 성 정체성(육체적인 성적 정체성과
대조적)의 심리적 차이가 학습된 행동이라고 설명한다.
아이들은 해당 성별에 적합하다고 간주되는 태도와 행동(혹은
성 고정관념)을 어른에게서 배운다. 아이는 같은 성별의 어른을
본보기로 삼아 뚜렷하게 '남자다운' 특성이나 '여성스러운'
특성의 개념을 형성한다. 이런 과정은 어른이 아이를 틀에
박힌 방식으로 대하는 경향을 통해 강화된다.

# 아기 X 실험

성에 대한 고정 관념이 성 발달에 미치는 영향은
순환적이다. 아이는 어른으로부터 자신의 생물학적 정체성과
관련된 정형화된 태도를 배우며 동일한 성의 역할 모델을
흉내 내는 경향이 있다. 그렇지만 가르치는 어른 역시 어린
시절에 그런 특성을 다른 어른에게 어느 정도 강요받았다.
어른은 남자아이와 여자아이를 다르게 대한다.

1970대, '아기 X' 실험의 다양한 변형은 어른들이 아이의
성별을 들었느냐, 듣지 않았느냐에 따라서 같은 갓난아기와
놀아 주는 방법이 다르다는 것을 보여 주었다. 또한 남자
어른과 여자 어른이 같은 아이에게 대하는 태도 사이에도
분명한 차이가 있었다. 이를테면 인형 혹은 트럭같이
정형화된 '성별 특징이 반영된' 장난감뿐만 아니라 아이에게
하는 말과 신체 접촉 횟수에도 차이가 있었다. 어른들의
기대치가 여자아이는 순종하고 감성이 풍부하고 공감을
잘하는 특성이 있고 남자아이는 독립적이고 이성적이고
강한 특성이 있다는 성 고정관념을 영구화하므로, 아이는
태어나면서부터 거기에 맞춰서 성 정체성을 형성한다.

# 청소년

발달심리학의 초기 선구자 중 하나는 미국에서 최초로 심리학 박사 학위를 받은 G. 스탠리 홀이었다. 홀은 다윈의 진화론에서 강한 영향을 받았으며 정신 발달은 일종의 축소된 진화라고 보았다. 특히 홀은 '질풍노도'의 시기라고 묘사한 청소년에 대한 연구로 유명하다.

홀의 말에 따르면, 청소년은 자아와 환경에 대한 인식의 증가로 정서적 격변기를 거치며 자의식이 예민함과 우울감과 무모함을 초래한다. 청소년의 격렬한 성질에 대한 홀의 분석은 이후의 철학자들을 통해 폭넓게 확증되었다. 에릭 에릭슨은 10대 시절은 자기 비판과 싸우고 세상에서 제자리를 찾으려고 분투하면서 겪는 자아 정체성과 역할 혼란의 '위기'가 특징인 시기라고 설명했다. 에릭슨은 특히 이 시기를 일컬어 '정체성 위기'라는 말을 만들었다.

# 책임지기

많은 심리학자들에게 발달 개념은 태어나서 어린 시절과 청소년기를 거쳐 어른으로 성숙하는 것을 뜻한다. 발달심리학은 주로 인지 및 지적 발달과 관계가 있으며, 이는 어른이 되면 완전해지는 것으로 간주되었다. 그러나 에릭 에릭슨이 심리 사회적 발달이라는 개념(p.262)을 제창한 이후로, 우리가 인식이나 경험을 통해서 일생 동안 계속 발달한다는 생각이 점차 인정받게 되었다. 질풍노도의 청소년기를 지나면 성인이 되지만, 청년기에도 정신적 성장과 발달을 요구받는 데다가 서로 상충되는 새로운 도전들이 기다리고 있다.

이 시기는 친구와 동료와 인생의 동반자와 장기적인 관계를 쌓고, 가족과 직장에 책임을 질 수 있도록 견고한 기반을 제공하는 상호 신뢰와 상호 의존을 다지는 데 중점을 둔다. 청소년기의 교훈을 배우지 못했다면, 자신감의 부족과 헌신에 대한 두려움 때문에 만족스러운 관계를 위해 필요한 친밀감을 형성하지 못할 수도 있다.

# 중년

  우리는 어른이 되어서도 정신과 정서의 구조에 영향을 주는
어려움에 계속 부딪친다. 비록 변화와 발달이 20대까지의
양상에 비해 훨씬 늦고 때로는 눈에 띄지 않을지라도 그 시절
못지않게 대단히 중요하다. 중간 성인기는 빠르면 25세에서
70세까지 이어진다. 우리가 장기적인 관계를 맺고 가정을
꾸리고 직장에 안정적으로 자리를 잡아 가는 기간이다.
에릭슨에 따르면, 이 단계의 특징은 더 이상 어리지 않다는
사실을 깨달으면서 오는 생식성(보통 중년기에 나타나는 후진 양성
욕구. 옮긴이) 혹은 침체성의 감정들 사이의 갈등(전형적인 '중년의
위기')이다. 우리는 다음 세대를 육성한다는 점에서 공동체에서
쓸모 있고 생산적인 일원이라는 점에서 만족감을 느낀다. 같은
이유로, 특히 경력이 정체기에 달하거나 성장한 자식들이 집을
떠난 후 오는 '빈 둥지 증후군'에 빠지면 목적의식을 상실하고
낙담하기도 한다. 이런 감정들의 갈등을 제대로 해결하지
못하면 결국 우울증에 빠지거나 잃어버린 젊음을 되찾으려는
욕구에 휩싸여 갑작스럽게 변화를 꾀하거나 이혼을 하기도
한다.

# 노년

우리는 늙어서도 정신적으로 새로운 어려움에 봉착하며
이런 어려움은 일생의 정신 발달에 영향을 미친다고 볼
수 있다. 대체로 삶에서 이 시기는 신체적으로나 지적으로
퇴보한다는 부정적인 고정관념이 부각되지만, 다른
발달단계들과 마찬가지로 긍정적인 가능성과 부정적인
가능성을 모두 가지고 있다.

직장에서 퇴직하고 가족 부양에서 물러난 이 시기는
새로운 관심사를 찾아서 시작하거나 과거에 하지 못한 일을
하고, 이도저도 아니라면 적어도 보다 적극적으로 사회
활동을 즐길 수 있는 때이다. 한편 우리 신체가 느려지기
시작하고 쇠약해지는 때이며, 친구와 배우자가 죽거나
정상적인 생활을 할 수 없어서 고립될 수도 있다는 부정적인
면도 있다. 대부분의 사람에게 이 시기는 주변을 정리하고
인생을 돌아보면서 그동안 살아온 날들을 평가하는 반성의
시기이기도 하다. 자신의 삶이 성공적이었다고 여긴다면
자아 통합이라는 감정을 느끼게 되고, 자신의 목표를
달성하지 못했다고 여긴다면 절망감에 빠지게 될 것이다.

# '내 나이'

특히 뚜렷한 발달단계를 설명하는 이론을 비롯한
발달심리학 이론에서는 변화가 일어나는 정확한 나이를
밝히기가 불가능하다. 모든 사람은 서로 다르고, 다른 속도로
발달한다. 이 점은 '나이'의 의미가 무엇인지 의문을 제기한다.
출생을 기점으로 한 달력상 나이인 생활연령이 있지만,
신체나 정신 발달에 상응하는 나이도 있다.

로버트 카스텐바움Robert Kastenbaum은 노화와 나이에 대한
태도를 다룬 연구에서 이런 다양한 '나이들'을 살폈다.
카스텐바움은 주관적 나이(우리가 느끼는 나이)를 물었다.
사람들이 느끼는 주관적 나이는 실제보다 어린 경향이
있었으며 나이가 들수록 그런 경향이 두드러졌다. 또한
카스텐바움은 생물학적 나이와 기능적 나이를 알아보았다.
생물학적 나이는 직접 평가하거나 다른 사람이 평가한 신체와
얼굴의 상태로 정했다. 기능적 나이는 관심사, 활동, 사회에서
자신의 위치를 통해 본 사회생활에 의해서 규정했다. 연구에
따르면 이런 나이들은 폭이 넓었다. 이는 나이는 숫자에
불과하며 마음먹기 나름이라는 진리를 보여 준다.

# 차이심리학

　넓게 보면 심리학은 하나의 종種으로서 인간이 생각하고
행동하는 방법을 다루는 과학이다. 그러나 모든 인간은
낱낱의 개인이며, 저마다 신체적 외모만큼이나 뚜렷이
구별되는 고유의 정신 구조를 가지고 있다. 이것이 바로
'차이심리학'으로 알려진 분야이다. 차이심리학은 우리
모두가 공통적으로 지닌 정신적 특성과 행동적 특성이 아닌
서로를 구분 짓는 특성을 조사한다.

　차이심리학의 연구 분야는 폭이 넓고, 지능과 성격과
같이 사람마다 서로 다른 다양한 정신적 요소를 밝힌다.
대체로 이런 요소들은 규정하기가 어렵다. 그리고 타고난
특성인지 아니면 학습된 특성인지, 혹은 고정되어 있는지
아니면 시간이 갈수록 변화하는지에 대한 논란이 있다.
차이심리학은 정상이나 비정상을 어떻게 규정할 것인지,
우리가 생각하는 정상의 의미가 다른 문화와 다르지는
않은지, 개인의 '별난 점'을 장애나 질병으로 취급하는
기준은 무엇인지와 같은 의문이 들게 한다.

/ Psychology of difference

미국의 희극 배우인 막스 형제는 사람들 간에 서로 다른 점 중에서 타고난 희극적인 양상을 소재로 삼아 풍자하면서 '정상'이라는 개념을 끊임없이 건드린다.

# 지능

    다들 지능을 쉽게 알아볼 수 있다고 생각하지만 사실
지능은 측정하기 어렵기로 악명이 높으며 규정하기는 더
힘들다. 19세기 후반에 몇몇 심리학자들은 다양한 인지
능력 검사를 활용해서 지능의 객관적인 척도를 찾으려고
노력했으며, 그 결과 빌헬름 분트는 사람들 사이의 지능을
비교하는 수단으로서 지능지수IQ를 제안했다. 그렇지만
이런 검사와 이후에 나온 대부분의 지능 검사가 측정하고자
하는 것을 정확하게 규정하지 못했으며, 그러다 보니
에드윈 보링은 농담조로 지능의 정의를 '지능 검사가
측정하는 것'이라고 내릴 정도였다. 지능이라는 주제에
대한 연구가 처음 시작되었을 때부터 지능이 선천적이고
유전적인지를 놓고 활발한 토론이 벌어져 왔다. 오늘날에도
여전히 사용되고 있는 지능 검사를 만든 프랑스의 심리학자
알프레드 비네는 지능이 태어날 때 정해진다는 지배적인
견해에 동의하지 않았다. 비네는 우리의 인지 능력이 일생에
걸쳐 변하며 지능 검사는 특정한 시기에 특정한 상황의
능력을 측정할 뿐이라고 주장했다.

IQ 점수 분포

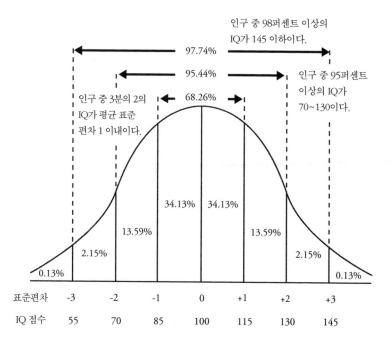

# 일반 대 특수

　일반적으로 지능 검사는 지각과 추론은 물론이고 기억과 지식을 비롯한 여러 인지 과정과 관련된 언어 기술, 수학 기술, 공간 기술을 시험하는 다양한 두뇌 회전 과제로 이루어져 있다. 영국의 심리학자 찰스 스피어먼Charles Spearman은 이런 다양한 과제들에 해당되는 능력들 사이에 긍정적인 상관 관계가 있다는 것을 발견했고, 단 하나의 공통 요인인 '일반 지능 요인'이 있었다고 밝혔으며 이를 g라고 표시했다.

　스피어먼은 g와 구분하려고 s로 표시한 특수한 기술을 통해 일반 지능을 측정할 수 있다고 설명했다. 스피어먼은 일반 지능은 타고나며, 학습된 다양한 정신 능력이 수반되는 검사에서 일반 지능을 평가할 수 있다고 믿었다. 특정한 분야에서 능력을 발휘하는 사람은 다른 특수 능력 검사에서 높은 점수를 받을지도 모른다. 후에 이의가 제기되기는 했지만, 일반 지능 요인에 대한 스피어먼의 생각은 IQ에 대한 분트의 생각과 마찬가지로 지능의 일반적인 개념과 정의의 본보기로 오늘날까지 지속되고 있다.

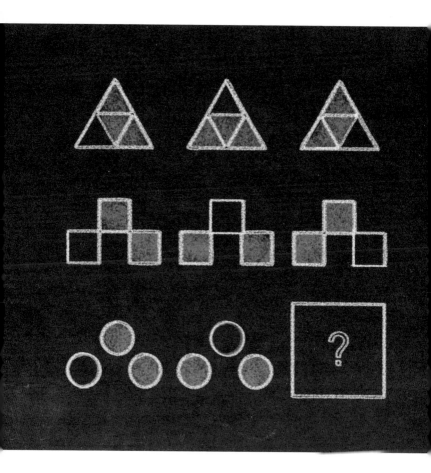

# 지능의 종류는 단 하나일까?

스피어먼의 일반 지능 요인 g는 특히 영국에서 지능에 대한 관점에 영향을 미쳐서, 지능은 선천적이고 고정적이며 다양한 인지 과제를 수행하는 능력에서 드러나는 측정 가능한 단 하나의 수치라고 여겨지게 되었다. 이런 생각은 g와 s사이에 있는 인자들을 파악한 시릴 버트와 필립 E. 버넌에 의해 확대됐다. 후에 L. L. 서스톤은 능력을 일곱 개 영역으로 구분한 모형을 개발했다. 이는 언어 이해, 언어 유창성, 수학적 추론, 귀납적 추리, 공간 인식, 연상 기억, 기억과 지각 속도이다. g는 이런 능력들의 평균이었다. 미국의 심리학자 J. P. 길포드는 이 개념을 모두 거부했으며, 대신에 인지 과제에는 내용(해야 할 것), 조작(해결할 방법), 산출(결과물) 세 가지 측면이 있다는 의견을 내놓았다. 길포드에 따르면 내용의 유형은 5개, 조작의 유형은 5개, 산출의 유형은 6개이다. 이들을 다양하게 조합하면 총 150개의 인지 능력이 나온다.

지능의 종류가 다양하다는 생각은 다양한 사람들이 능력을 발휘할 수 있는 인지 재능의 폭이 넓다는 사실에 기인한다.

# 문화적·인종적 편견 강화

  지능에 관한 연구는 심리학의 다른 어떤 분야보다 문화
편견이자 인종 편견이라는 비난을 많이 받았다. 지능이
고정적이고 선천적이라는 발상은 19세기 후반과 20세기
초반 우생학 운동에 불을 지폈고, 서양의 중산층 백인 남성의
우월한 지능을 보여 주는 검사 결과는 수많은 문화 편견과
인종 편견을 강화했다.

  검사를 위해 선정된 인지 능력이 현대 서양의 지능 개념을
바탕으로 할 때, 다른 문화의 사람들은 낮은 점수를 받을
가능성이 있어서 종족과 계층과 성별 사이에 지능의 차이가
있다고 암시하는 결과를 낳게 된다. 반면에 현대의 도시
거주자들 대부분은 생존 기술이나 지형 파악이나 동식물
인식의 검사에서 형편없는 점수를 받을 것이다. 최근에
심리학자들은 지능이 과거의 생각과 달리 고정적이지 않으며
지능을 측정할 때 문화라는 요소를 고려해야 한다는 점을
깨닫게 되었다.

/ Reinforcing cultural and racial prejudices

돌리 파톤은 지능에 대한 선입관을
가지고 노는 영리한 사람의 전형이다.
파톤은 "나는 멍청한 금발이라고
놀려 대는 농담이 불쾌하지 않아요.
나는 멍청이가 아니니까요.
게다가 나는 금발도 아니거든요!"

# 유동적 혹은 결정적?

영국 출신이며 연구 인생의 대부분을 미국에서 보낸 레이먼드 커텔Raymond Cattell은 스피어먼의 일반 지능 개념과 길퍼드의 다원적 요인 모형 사이의 간극을 메웠다. 커텔은 인지 능력에는 크게 유동적 지능과 결정적 지능이라는 두 개의 유형이 있다는 의견을 내놓았다. 커텔의 설명에 따르면 유동적 지능은 새로운 인지 문제를 학습된 지식이나 기술이 아니라 추론으로 해결하는 능력이다. 따라서 진정한 일반 지능은 문화 편견을 염려할 필요가 없으며 교육의 영향을 받지 않는다. 반면에 결정적 지능은 살면서 익힌 능력, 즉 교육이나 경험을 통해 배운 지식과 기술을 바탕으로 한다. 커텔의 모형은 존 L. 혼에 의해 확대되었으며 후에 존 B. 캐럴에 의해 개선되어서 커텔-혼-캐럴 이론으로 알려졌다. 이 이론은 혼이 제안한 대로 (커텔의 유동적 지능과 결정적 지능을 포함한) 꼭대기에 자리 잡은 g에서 10개의 일반적인 능력 분류까지 이어지는 인지 능력의 계층적 목록을 제시했다.

# 다중 지능

'일반 지능'에 대한 길포드의 의심(p.292)은 1980년대에 하워드 가드너의 다중 지능 이론과 더불어 다시 부상했다. 과거의 이론들과 달리 가드너는 인지 과제와 씨름하는 방법이 다양하지만, 한 분야의 능력은 다른 분야의 능력과 관련이 없다고 말했다. 사람마다 지능의 각 부문에서 저마다 다른 수준의 능력을 가지고 있으며, 이에 따라서 각자가 고유하게 조합된 지능을 갖게 된다. 가드너는 지금까지 독립적인 지능 8개를 파악했다. 이는 언어 지능, 논리/수학 지능, 음악 지능, 시각/공간 지능, 신체/운동 기능, 대인 관계 혹은 사회 지능, 자기 관찰 혹은 성찰 지능, 자연주의 지능이다. 보다 최근에 가드너는 이 목록에 존재/정신 지능, 도덕 지능, 교육학적 지능을 포함해서 확대할 수도 있다고 제안했다. 가드너와 마찬가지로 로버트 스턴버그는 단 하나의 일반 지능이 있다는 개념을 거부하며, 대신에 세 개의 기본적인 부문을 제안한다. 이는 분석 지능(명확한 문제를 해결하는 능력), 합성 지능(창의적인 해결책을 찾는 능력), 실용 지능(지식과 기술을 적용하는 능력)이다.

# 지능은 고정된 것일까, 아니면 변할까?

일반 지능 이론들은 대체로 지능이 양육이 아니라 천성의
산물이라고 여기며, 결과적으로 변치 않는 특성이라고 본다.
그러나 일반 지능의 개념 자체가 반박을 받았듯이, 지능이
유전적이고 천성적이라는 원칙을 강조한 것도 논쟁을
일으켰다. 환경이 유전 못지않게 지능에 영향을 미치며,
개입이 이루어지면 IQ 검사의 수행 능력이 높아진다는 점이
여러 연구에서 입증됐다.

1968년 실시한 밀워키 프로젝트에는 도심의 궁핍한 지역에
사는 40개 가족이 참여했다. 아주 어린 자녀를 둔 엄마들은
사회적·경제적 상황을 향상할 수 있도록 직업 훈련과
교육을 포함한 폭넓은 도움을 받았다. 그들의 자녀들이
학교에 입학할 나이가 되었을 때 그 아이들의 IQ는 평균
이상이었으며, 통제 집단의 아이들보다 점수가 훨씬 높았다.
그러나 아이들이 학교에 입학하고 프로젝트가 끝난 후 IQ는
점차 평균 이하로 떨어져 도심 지역의 전형적인 수준이
되었다.

/ Is intelligence fixed, or can it be altered?

# 성격

성격은 지능보다도 훨씬 더 우리를 다른 사람과 구별되는 유일무이한 개인으로 만드는 정수이다. 하지만 성격은 지능과 마찬가지로 파악하기가 쉽지 않은 개념이다. 규정하기 어렵고 과학적으로 측정하기는 더 어렵다. 고대 그리스의 철학자들은 성격을 네 가지 기질이라는 면에서 설명했으며, 이런 발상은 현대 심리학의 일부 성격 이론에 그대로 반영됐다.

성격의 정신역학 이론은 의식과 무의식의 갈등에 대한 프로이트의 설명에서 발전했으며, 20세기 후반에 주류 이론으로 등장했다. 오늘날 성격이 기분 및 감정과는 완전히 다르다는 점에는 대체로 의견이 일치하지만, 성격에 대한 다양한 이론과 설명은 성격이 고정된 특성인지, 아니면 시간의 흐름 혹은 환경에 따라서 변하는지에 대해서 다른 의견을 보이고 있다. 또한 성격이 얼마큼 선천적이고 유전적인지, 개인의 환경과 경험에 얼마나 영향을 받는지에 대해서도 의견이 다르다.

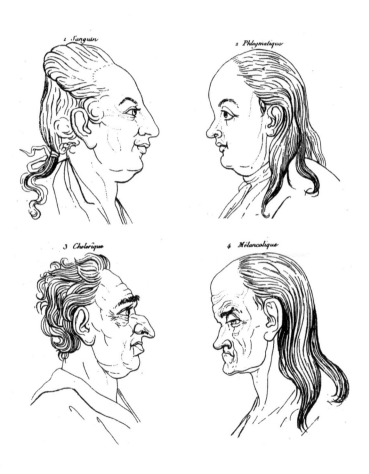

# 특성

1960년대에 형제인 고든 올포트와 플로이드 올포트가 행한 획기적인 연구는 성격심리학이라는 분야를 열었다. 고든 올포트는 우리가 다른 사람의 성격을 구성하는 요소를 알아채며 그 사람을 말로 표현할 때 이를 반영한다고 생각했다. 올포트는 여러 사전을 샅샅이 뒤졌으며 우리의 성격을 형성하는 '특성'을 대변해서 서술하는 수천 개 단어들을 모았다. 올포트는 일부 단어는 정도의 차이는 있지만 모든 사람에게 공통으로 적용되는 반면에 일부 단어는 특정한 사람에게만 적용된다고 말했다.

다른 특성들보다 두드러지는 '기본 특성' 혹은 '지배적 감정', 그리고 특정한 환경이나 상황에 의해 촉발될 때만 드러나는 '부차적 특성'이 있다. 기본 특성과 부차적 특성 사이의 범주에 공통적인 특성이 혼합되어 있으며 대체로 이를 우리의 성격이라고 규정한다. 올포트의 이론은 고정된 성격 유형이 있는 것이 아니라 각종 특성들의 무수한 조합에서 나온 다양한 성격이 있다는 것을 의미한다.

불안      낙천주의

충동성

공감

정직

수줍음

이기심

포용력

적응성

# 외향성 및 신경증적 경향

  올포트의 성격 이론 (p.304)과 대조적으로, 한스
아이젠크Hans Eysenck는 성격 유형을 결정하는 요소는 외향성
E와 신경증적 경향 N, 단 두 개라고 주장했다. 아이젠크의
의견에 따르면, 이 둘은 주로 유전적으로 정해지며 고정된
특성이다. 외향적인 사람은 사교적이고 근심이 없고 재미를
추구하며, 신경증적인 사람은 불안정하고 침울하고 감정의
영향을 쉽게 받는다.

  각 성격의 범위는 외향성에서부터 내향성까지,
신경증에서부터 안정성까지 연속적이며 이차원 도표로
나타낼 수 있다. 각 개인의 성격은 외향성/내향성 및
안전성/불안전성에 따라서 도표에 표시된다. 아이젠크가
인정했다시피, 고대 그리스의 네 가지 기질이라는 개념과
유사성이 두드러진다. 아이젠크의 이론은 때로 '유형론'으로
불리지만 그는 정해진 성격 유형이 있다는 발상을
싫어했으며 다양한 성격들을 스펙트럼 위의 점들처럼 보는
것을 선호했다.

# / Extraversion and neuroticism

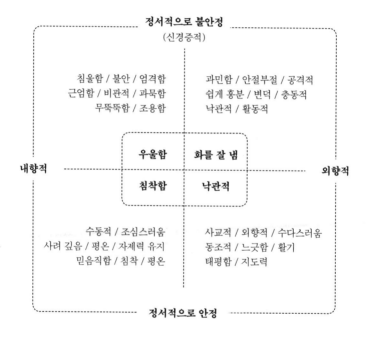

대단히 외향적이고 매우 신경증적인 사람은 '화를 잘 내는 기질'에 해당한다.
내향적이고 안정적인 사람은 '침착한 기질'을 가진 사람으로 여겨진다.

# 빅 파이브

아이젱크의 성격 분석은 처음에 외향성과 신경증적 경향 이렇게 두 요소를 바탕으로 하다가 나중에 거기에 세 번째 차원인 정신병 경향 P를 추가했다. P의 점수가 높은 사람은 혼자 있기를 좋아하고 무감각하고 적대적이고 사람을 조종하는 데 능했으며, 따라서 P의 범위 중 상단부에 정신장애와 행동 장애가 자리한다.

아이젱크 이후로 다른 여러 심리학자들이 성격을 평가하는 기본적인 요인을 구성하는 다른 '특성들'이 있다고 제안했다. 오늘날 가장 널리 사용되는 모형은 이른바 '빅 파이브'를 바탕으로 한다. 빅 파이브는 개방성openness, 성실성conscientiousness, 외향성extraversion, 친화성agreeableness, 신경증 경향neuroticism이며 앞 글자를 따서 OCEAN이라고 불린다. 아이젱크의 E와 N은 이 모형에 계속 남아 있지만, 정신병 경향은 성실성과 친화성으로 대체되었다(평가 범위의 극단에 있는 부정적인 측면보다 긍정적인 측면을 강조한다). 이와 더불어 창조성, 호기심, 지적 추구의 이해를 모두 아우르는 경험에 대한 개방성도 포함되어 있다.

／ The Big Five

| 빅 파이브 | 낮은 점수 | 높은 점수 |
|---|---|---|
| 1. 개방성 | 현실적<br>창조적이지 않음<br>관습적<br>호기심이 없음 | 상상력이 풍부<br>창조적<br>독창적<br>호기심이 많음 |
| 2. 성실성 | 태만함<br>게으름<br>무질서함<br>지각 | 성실함<br>부지런함<br>질서 정연함<br>시간 엄수 |
| 3. 외향성 | 외톨이<br>과묵함<br>수동적<br>무뚝뚝함 | 여러 단체에 가입<br>수다스러움<br>능동적<br>다정함 |
| 4. 친화성 | 의심이 많음<br>비판적<br>무자비함<br>성마름 | 잘 믿음<br>관대함<br>온화함<br>부드러움 |
| 5. 신경증 경향 | 평온<br>침착함<br>편안함<br>감정적이지 않음 | 걱정<br>신경질적<br>남의 시선 의식<br>감정적임 |

# 개인 구성 이론

　　많은 심리학자들이 다른 사람에게 인식된 성격을
규정하고 평가하는 객관적인 방법을 찾으려고 노력했다.
조지 A. 켈리는 이와 달리 우리가 자신의 성격을
내면으로부터 주관적으로 인식하며 이는 우리의 세계관을
형성한다고 여겼다. 켈리의 개인 구성 이론에서, 성격은
선천적이거나 환경의 영향으로 형성되는 것이 아니라 인지
과정의 결과이다. 우리는 세상을 경험하고 탐험하며 이를
통해 발견한 것을 각자 개인적으로 해석한다.

　　이런 해석은 그 후에 이어지는 인식과 행동에 영향을
끼치며, 결국 우리는 직접 만든 자신만의 '물안경'을 통해서
세상을 본다는 주장으로 이어진다. 세상이 우리 기대에
들어맞을수록 우리의 신념과 태도가 옳다는 확신이 들고,
이는 다른 사람들이 우리의 성격으로 인식하는 행동에
영향을 준다. 따라서 개인적 구성 이론은 각자가 세상과 다른
사람들을 해석할 때 사용하는 구성체들을 파악할 수 있는
종합적인 심리학 체계이다.

# 성격과 상황

　포함된 성격 특성이나 유형이 많고 적고를 떠나서, 대부분의 성격 이론은 성격이 영구적이고 변하지 않으며 사람들이 고정된 특성에 따라 일관되게 행동한다는 생각을 내포하고 있다. 그러나 올포트조차 자신의 특성 이론에서 성격이 변한다는 것을 인정했다. 올포트의 '부차적 특성'은 특정한 상황에서만 나타났다.

　후에 몇몇 심리학자들은 성격이 상황에 따른 행동에 의해 드러난다고 생각했다. 월터 미셸은 이런 '상황주의' 입장을 확대해서 성격 특성이란 사람이 소유한 것이 아니라 사람이 행동하는 것이라고 주장했다. 상황에 관련된 인지 과정이라는 것이다. 우리가 사람의 성격으로 판단하는 행동은 상황에 대한 인지적 평가에 의해 결정되는 것이지, 특정한 유형의 반응을 하는 선천적인 경향이 아니다. 미셸의 이론은 원래는 수줍음을 많이 타지만 사람들 앞에서는 마치 외향적인 가수처럼 성격과 상반되는 행동을 하는 경우를 설명해 준다.

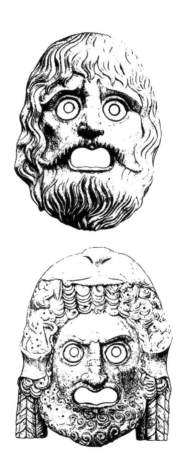

# 다중 인격

　상황주의 성격 이론에 따르면, 상반되거나 모순적인 성격 특성을 가질 수 있다. 일반적으로 냉정하고 무감각한 사람이 예외적으로 온화하고 인정이 넘치는 면을 드러내기도 한다. 한 사람 안에 둘 이상의 인격이 존재하는 '다중 인격 장애'나 '해리성 정체감 장애'가 있다. 1950년대에 정신과 의사 코베트 H. 티그펜Corbett H. Thigpen과 허비 M. 클렉클리Hervey M. Cleckley는 다중 인격 사례를 발표했으며, 그중 한 사례는 책과 영화 〈이브의 세 얼굴〉로 제작되어서 아주 유명해졌다. 환자인 이브는 두통과 일시적 의식상실 같은 증상을 호소했으며, 돈이 없는데도 사치스러운 옷이 집에 있는 등 평소와 다른 행동의 증거가 하나둘 발견되었다. 이브는 치료를 받으면서 아주 다른 세 개의 인격을 드러냈다. 첫 번째 인격은 예의 바르고 다소곳했고(이브 화이트), 두 번째 인격은 자유분방하고 무책임했으며(이브 블랙), 세 번째 인격은 이성적이고 안정적이었다(제인). 그러나 각 인격은 서로를 몰랐다. 제인은 두 명의 '이브'에게 소개되었고 그들이 자신의 원래 정체성에 통합되도록 도왔다.

심리학자 티그펜과 클렉클리는 영화 〈이브의 세 얼굴〉의 시나리오 작업을 도왔다.

# 정서와 기분

대체로 성격은 특정한 방식으로 행동하는 변치 않는 경향으로 간주되는데, 우리에게는 상황에 반응해서 변하는 감정과 기분과 분위기도 있다. 네덜란드의 심리학자 니코 프리다Nico Frijda는 우리가 지닌 자연 발생적 반응을 설명했다. 즉, 우리는 감정이라고 느끼지만, 얼굴이 빨개지거나 머리카락이 쭈뼛 서는 등과 같이 우리가 통제할 수 없는 신체적 반응도 감정에 동반된다는 것이다. 이런 불수의(자기의 마음대로 되지 않음. 옮긴이) 반응뿐만 아니라, 우리 감정에 대한 의식적인 생각에서 생기는 느낌이 있으며 우리는 이를 기분이라고 부른다.

정서 심리학의 또 다른 선구자인 폴 에크먼은 정서적인 불수의 반응 중 하나인 얼굴 표정에 주목했다. 에크먼은 기본 정서인 분노, 두려움, 혐오, 행복, 슬픔, 놀람과 연결되는 여섯 개의 기본 표정을 나누었다. 정서 체험과 마찬가지로, 이런 얼굴 표정도 불수의 반응이며 완벽하게 통제하거나 감추기가 불가능하다.

| 행복 | 슬픔 | 놀람 |
| 분노 | 혐오 | 두려움 |

포커를 치는 사람들은 상대방의 표정과 동작에서 속마음을 읽으려고 하며, 거짓말 탐지 검사와 보안 검색 장치는 감정적으로 스트레스를 받는 상황에서의 신체 변화를 이용한다.

# 정서 체험과 신체 체험 중
# 먼저 시작되는 것은?

　상식적으로 보면, 정서 반응은 우리 마음대로 되는
것이 아니기 때문에 우리가 취하는 행동은 정서를 뒤따라
일어난다. 이를테면 우리가 곰을 보고 도망가는 것은
무섭기 때문이다. 그렇지만 많은 심리학자들에 따르면
이런 생각은 옳지 않다. 윌리엄 제임스와 칼 랑게는 먼저
일어나는 것은 신체 반응(심장 박동 수 증가 혹은 전율)이며 신체
반응이 정서 반응을 일으킨다고 주장했다. 실제로 신체
변화가 정서 반응과 감정을 변화시킬 수 있음을 보여 주는
연구들도 나왔다.

　후에 월터 캐넌과 필립 바드를 비롯한 심리학자들이
제임스-랑게 이론에 이의를 제기하며 심리 반응과 정서
반응은 동시에 일어난다고 주장했다. 리처드 라자루스는
우리가 정서 반응을 일으키는 상황에 대해 인지적 평가를
한다고 말했다. 더 최근에 로버트 자이온스는 우리의
생각과 정서가 별개의 과정을 거쳐 작용하며 정서
반응이 먼저 일어난다고 추측하는 상식이 옳을 수 있다고
주장했다.

/ Which experience comes first-emotional or bodily?

로버트 자이온스에 따르면. 정서는 뇌의 사고 과정을 건너뛰는 듯하다.
무서운 상황에 대한 우리의 반응에는 인지 과정이 포함되지 않는다.

# 정상과 비정상

　개인의 차이를 연구하는 심리학자들에게 계속 반복되는 문제가 있다. 우리가 저마다 고유한 특성을 지닌 개체라면, 정신적인 정상 혹은 비정상이라는 것이 존재할 수 있을까? 예를 들어서 일상적으로 지능은 수치로 측정되고, 통계적인 평균 IQ와 비교되기 때문에 우월과 열등이라는 함의를 지닐 수밖에 없다. 차이심리학의 다른 분야에서는 측정이 덜 정밀하지만, 대체로 측정 결과에는 표준 혹은 전형으로부터의 일탈이라는 의미가 여전히 함축되어 있다. 정상normal 혹은 비정상abnormal과 같은 용어(특히 숨은 뜻이 있는 저능subnormal)는 결코 객관적일 수 없으며 인정할 수 있는 것이나 인정할 수 없는 것, 바람직한 것이나 바람직하지 않은 것에 대한 사회의 편견을 반영한다. 또한 정상과 일탈의 정의는 문화의 영향을 강하게 받으며, 개인적인 차이가 심리 장애로 인식될 때도 문화의 영향이 작용한다. 한 문화에서 무해한 괴짜로 분류되는 사람이 다른 문화에서는 정신병자라는 꼬리표가 달릴 수 있다. 괴짜와 정신병자 사이의 경계는 분명하지 않다.

/ Normality and abnormality

# 정신병

　20세기의 심리학은 정신이상을 치료를 받아야 하는 병, 즉 심리학이 아닌 정신의학의 분야로 본 19세기의 태도에서 출발했다. 그러나 점차 이 모형은 정신병의 존재에 의문을 제기하는 일부 심리학자들에게 도전을 받았다(p. 180). 분명히 일부 심리 장애는 생물학적인 원인으로 일어난다.

　장애의 원인이 뇌졸중과 알츠하이머병 같은 질병이나 부상이나 퇴화로 인한 뇌 손상 때문일 수도 있다. 혹은 잘 드러나지는 않지만 뇌의 전기 화학 기능에 영향을 미치는 유전적인 생리 장애 때문일 수도 있다. 하지만 순전히 심리적으로 발생하는 장애도 많이 있기 때문에 '정신병'이라는 꼬리표를 붙이는 것은 적절하지 않다. 이런 장애가 설사 의학적 치료나 약이나 수술로 효과를 볼지 모르지만, 많은 심리학자들이 이를 의학적 병이 아니라 심리 장애로 다뤄야 한다고 주장해 왔다.

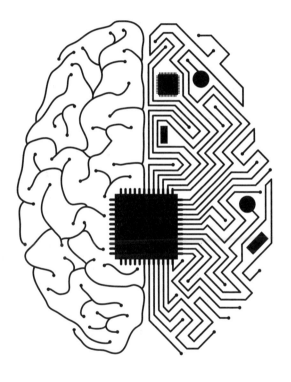

# 정신장애 분류

정신장애를 과학적으로 파악하고 분류하려는 시도는 19세기에 이르러서야 일어났다. 현대 정신의학의 창시자인 에밀 크레펠린은 심각한 정신장애는 거의 예외 없이 뇌의 생물학적 기능 저하가 원인이라고 믿었으며 전형적인 증상에 따라서 생물학적 기능 저하를 분류한 종합적인 목록을 만들었다. 크레펠린은 정신병을 크게 조발성 치매증(오늘날 조현병)(p.16)과 조울증(기분 장애)으로 나누었다. 정신 질환 모형을 바탕으로 한 크레펠린의 분류는 그 후로 이루어진 거의 모든 정신장애 분류의 근거가 됐다.

최근에 가장 널리 사용되는 참고 문헌은 〈미국 정신장애 진단 및 통계 편람American Diagnostic and Statistical Manual of Mental Disorders〉과 세계보건기구가 발간하는 〈국제 질병 통계 분류International Statistical Classification of Diseases〉의 관련 섹션이며, 둘 다 정신병이 아니라 정신장애라고 일컫는다. 흥미롭게도 이런 면에서는 법률의 정의가 다른 분류들보다 뒤처지는 경우가 종종 있다.

## 정신장애 분류 목록

- 신경 발달 장애
- 조현병 스펙트럼 및 기타 정신증적 장애
- 양극성기분장애 및 관련 장애
- 우울 장애
- 불안 장애
- 강박 장애 및 관련 장애
- 외상 및 스트레스 관련 장애
- 해리 장애
- 신체 증상 장애
- 급식 및 식이 장애
- 배설 장애
- 수면-각성 장애
- 성 기능 부전
- 성별 불쾌감
- 파괴적 충동 조절 및 품행 장애
- 약물 사용 및 중독 장애
- 신경 인지 장애
- 성격 장애
- 도착 장애
- 기타 장애

# 조현병

　오늘날 조현병으로 알려진 크레펠린의 조발성
치매증(p.324)은 변별적 패턴을 보이는 증상으로 인식 가능한
심각한 정신장애의 주요 자리를 여전히 지키고 있다. 흔한
오해와 달리 조현병은 다중 인격 장애가 아니다. 조현병이
있는 사람은 환청, 환각, 기억 및 집중과 의사 결정 같은
인지 기능에 영향을 끼치는 문제를 비롯해서 다양한 증상을
보인다. 이는 사회적 기능과 정서적 기능에 장애를 일으킨다.
　조현병은 증상들이 다양할 뿐만 아니라 그 증상들이 다시
다양하게 조합되어 나타나기 때문에 단일한 증후군이 아니라
개별적인 여러 장애로 인식되기도 한다. 크레펠린은 분류를
할 때 조현병의 원인이 순전히 생물학적이라고 여겼지만, 그
후로 실시된 조현병에 대한 연구는 대부분의 정신장애에서와
마찬가지로 조현병의 발병에 환경적, 사회적, 심리적 요인도
관여한다는 것을 입증했다.

/ Schizophrenia

# 약물 의존과 남용

　현대 서구 사회에서 주요 관심사로 대두된 '비정상적인' 행동의 유형은 향정신성 의약품의 사용과 남용이다. 향정신성 약물은 뇌의 기능에 화학적 영향을 미치는 약물이다. 치료를 목적으로 사용되어야 하지만, 기분 좋은 환각 효과가 있기 때문에 기분 전환용으로 사용되기도 한다.

　약물에 대한 태도는 문화마다 다르지만, 일반적으로 사용자나 다른 사람을 위험에 빠뜨리거나 사용자의 사회 생활과 경력에 영향을 미치는 약물 남용 혹은 약물 의존에 대해서 대단히 우려한다. 현재는 '중독'이라는 말을 쓰지 않는다. 중독은 경멸적인 의미를 내포하고 있고, 의존은 정신 질환의 한 유형이기에 사용자에게 책임이 없다고 해석할 여지가 있기 때문이다. 의존은 신체적(예를 들어서, 헤로인이나 알코올)일 수도 있고 심리적(예를 들어서, 대마초나 코카인이나 엑스타시)일 수도 있으며, 습관적 사용자가 사용을 중단하려고 하면 불편한 신체적 혹은 심리적 증상이 생긴다.

도박, 섹스, 인터넷 사용 같은 특정한
활동을 중독으로 간주해야 하는지는
여전히 논란의 여지가 있다.

# 불안 장애

두려움은 우리가 통제할 수 없는 기본 정서로 알려져
있다. 두려움은 위협에 대한 자연스럽고 유용한 반응이지만,
다양한 불안 장애를 유발할 수 있다. 이런 장애로는 특정한
상황이나 대상에 대한 비합리적인 공포감인 공포증뿐만
아니라, 특별한 자극제가 없이 갑자기 두려움이 발생하는
공황장애가 있다.

강박 장애는 공포증과 공황장애보다는 덜 흔하지만
마찬가지로 고통스러운 불안 장애이다. 강박 장애는
반복적이고 강압적이며 괴로운 생각(두려움과 불안을 유발하는
강박적 사고)이 특징이다. 이런 생각을 억누르거나 무시할 수
없으면 다른 생각이나 행동으로 불안을 누그러뜨리려고
하는데, 이것이 반복되면 강박적 행동이 된다. 외상 후
스트레스 장애는 과거의 충격적인 사건을 자꾸 다시
경험하는 불안 장애이며, 기분과 행동에 부정적인 영향을
미친다.

# 기분 및 인격 장애

원래 크레펠린이 조울증(p.324)으로 분류한 기분 장애(정동장애라고도 함)는 오랜 기간 동안 감정과 기분이 극과 극을 달리는 정신장애이다. 조증 상태일 때는 대단한 희열을 느끼고 기운이 넘치고 창의성이 고양되며, 대체로 거창한 아이디어가 떠오르고 매사에 거리낌이 없어진다. 그러다가 이와 완전히 반대인 우울한 상태가 되면 매사에 부정적이고 수면 장애에 시달리고 기운이 없고 자존감이 떨어진다. 종종 우울증만 '단극성' 장애로 발생하기도 하지만(조증도 마찬가지이다), 대부분의 경우에 조증과 우울증이 동시에 '양극성' 장애로 나타난다. 기분 장애에 시달리는 사람은 갑자기 기분이 바뀌는 것이 아니라 장기간에 걸쳐서 조증 혹은 우울증을 겪는다. 정동장애의 원인과 치료에 대해서는 의견이 분분하다. 또한 특히 공격적이거나 반사회적인 경향을 보이는 극단적인 인격도 정신장애로 분류된다. 한때 '사이코패스'라고 불렸던 사람들이 이제는 반사회적 인격 장애로 진단을 받는다.

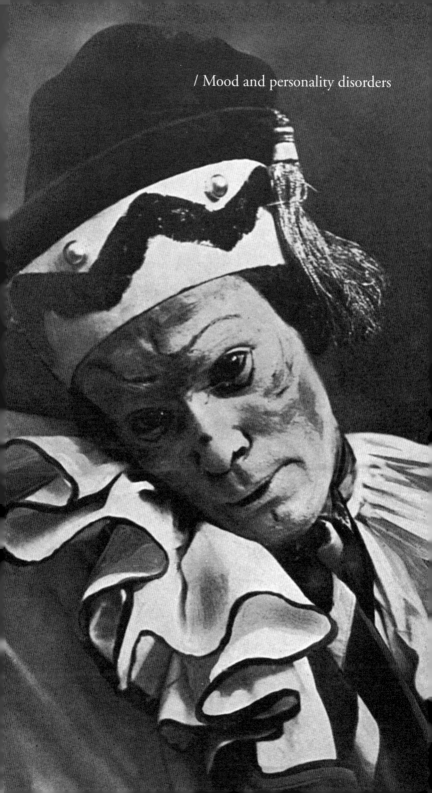

# 행복은 비정상이다

    정신장애의 많은 범주를 정상적인 행동이나 인격, 기분의 극단적 형태로 여기고 비정상이라고 굳이 부른다면 오로지 사회규범에 맞지 않는다는 의미에서 그렇게 호칭하는 것일 테다. 그런데 우리는 부정적이고 긍정적인 양극단 중에 부정적인 극단에 관심을 집중하는 경향이 있다. 리처드 벤톨은 정신 '이상'에 대한 우리의 이중 잣대를 강조하기 위해, 공식적으로 행복을 정신장애로 분류해야 한다고 제안했다. 우울증과 마찬가지로 행복도 정동장애의 증상으로 진단되기 때문이다.

    벤톨은 행복은 '통계적으로 비정상이며, 별개의 증상 군으로 구성되어 있고, 다양한 인지 이상과 관련이 있으며, 중추신경계의 비정상적인 기능을 반영한다'는 의견을 내놓았다. 우리가 행복을 치료해서 바로잡지 않는 유일한 이유는 행복이 '환자'에게 괴로움이 아니라 즐거움이며 긍정적인 평가를 받기 때문이다. 또한 벤톨은 가치 판단에서 오는 편견을 찾아내기 위해 정신장애의 분류를 전면 검토해야 한다고 심각하게 제안했다.

/ Happiness is not normal

# 미친 사람?

    일부 심리학자들은 정신장애 표준 분류의 타당성에 의문을 제기해 왔다. 엘리엇 에런슨은 "진짜 미친 짓을 하는 사람이 꼭 미쳤다고 할 수는 없다"라고 말했다. 아주 예외적인 상황이 오면 누구라도 평소에는 미쳤다거나 비이성적이라고 할 만한 행동을 하기 마련이다. 사회심리학자 아시, 밀그램, 짐바르도는 우리가 사회 상황에 순응하고 복종하려는 욕구 때문에 미친 행동으로 보이는 짓까지 서슴지 않는 양상을 여실히 보여 주었다(pp. 200, 208, 212). 에런슨은 미친 반응은 비정상이 아니라 예외적인 상황을 받아들이고 인지 부조화를 줄이려고 애쓰는 자연스러운 과정이라고 주장했다(p.226). 에런슨이 처음으로 이 점에 주목한 때는 1970년에 켄트 주립 대학교에서 충격적인 사건이 일어난 후였다. 당시 주 방위군이 시위를 벌이던 학생들에게 총기를 난사해서 4명이 사망하고 많은 부상자가 나왔다. 대중과 주 방위군은 누가 봐도 무고한 피해자인 학생들의 무절제한 생활 방식을 놓고 '정신병' 운운하며 무단 발포를 정당화했다.

/ Crazy people?

# 삶의 문제들

    많은 심리학자들과 마찬가지로 에릭슨은 정신장애에 대한 인습적인 생각이 개인의 상황을 고려하지 않는다고 믿었다. 이는 특히 기분 장애나 불안 장애로 분류된 일부 장애가 사실은 이상 행동의 사례가 아니라 특수한 상황에 처한 사람의 지극히 자연스러운 반응이 아니겠냐는 의문을 불러일으켰다.

    비판의 선봉에 선 사람은 정신과 의사인 토머스 사즈였다. 사즈는 생리적인 원인으로 유발된 장애가 많다는 것을 인정했지만, 너무 많은 이른바 정신장애가 단지 '삶의 문제'에 불과하다고 여겼다. 정신장애는 자신의 힘으로 도저히 다룰 수 없는 상황까지 몰린 사람들을 처리하기 편리하게 범주화되어 있다. 예를 들자면, 사즈는 '중독'과 '의존'이 사회적으로 용납되지 않는 약물을 사용하는 사람들에게 낙인을 찍기 위한 수단으로 자주 사용된다고 지적했다. 그들에게 도움을 주는 것이 아니라 그저 무능력을 비난하며 오명을 씌운다는 것이다.

/ Problems in living

많은 사람이 기분 장애와 불안 장애를 느끼지만 '평범한'
삶의 일부분으로 여기며 극복하고 살아간다. 영국의 총리
윈스턴 처칠은 전시에 극심한 우울증에 시달렸는데 우울증을
자신의 '검은 개'라고 불렀다.

# 구별하기

    1960년대, 다수의 심리학자들과 정신과 의사들이
정신병이라는 개념을 거부했다〔p.180〕. 이런 반정신의학
운동에는 정신장애의 치료가 개인의 자유와 인간의 권리를
위협하는 사회 조작의 수단으로 이용된다는 우려가 깔려
있었다. 다른 근거를 들어 반대하는 사람들도 있었다.
이를테면 리처드 벤톨은 정신이 건강하고 건강하지 않고를
구분할 명백한 경계가 없다고 주장했다. 이런 경계 대신에
기분과 행동과 인격의 극단을 포함하는 범위가 있는데
따지고 보면 모든 사람이 그 범위의 어딘가에 해당한다.
벤톨에 따르면, 환청과 같은 정신병 증상은 비정상이
아니며 다소간 차이는 있지만 우리 모두가 그와 비슷한
경험을 한다. 데이비드 로젠한은 또 다른 비판적인 견해를
내놓았다. 정신과에서 증상의 분류에 따라서 진단을 내리는
방식은 절망적일 정도로 신뢰성이 없다는 것이다. 로젠한의
연구원들이 정신병원에 갔더니 정신과 의사들은 그들에게
정신장애가 있다는 오진을 내렸으며 정작 진짜 환자들에게는
진단을 내리지 못했다.

/ Telling the difference

# 임상심리학

  심리학 이론이 가장 광범위하게 적용되는 분야는
정신장애의 치료이다. 20세기 전반에 심리 장애의
치료(심리요법)에서 지배적인 두 가지 접근법이 있었다.
하나는 정신의학적, 즉 의학적 접근법이었고 다른 하나는
프로이트 학파의 정신분석 접근법이었다. 그러다 신경 과학
분야에서의 새로운 발견과 실험심리학 이론이 정신의학계의
견해와 임상심리학 분야의 등장에 영향을 주었다. 현대적
형태의 심리요법은 프로이트의 '대화 치료' 개념으로부터
진화했지만, 행동주의와 인지 및 사회 심리학의 개념이 점차
정신역학 이론의 자리를 대신하게 됐다. 정신의학도 심리학
이론의 영향을 받아, 정신장애를 신체 질환의 증상으로
보는 의학적 모형으로부터, 관련된 심리적 요소를 이해하는
경향으로 바뀌었다. 또한 신경 과학의 발전은 신경 과학의
생리적인 작용과 우리의 심리적 문제 사이의 연관성을 밝혀
주었다.

심리학실

방해 금지

임상심리학은 심리학의 한 분과이며
다른 모든 연구 분야의 개념과 발견에 의지한다.

# 정신의학 대 심리학

　정신의학은 의학의 분야이며 심리학은 과학의 분야인 만큼 정신의학은 심리학과 구별된다. 정신의학의 치료에 대한 접근법은 정신장애가 주로 생물학적 원인으로 생긴 병이며 약물이나 수술로 의학적 치료를 해야 한다는 전통적인 생각에 근거한다. 반면에 일반적으로 심리학자들은 정신장애가 심리적 원인으로 생기며 심리요법이 필요하다고 여긴다. 물론 실제로는 둘 사이의 경계가 뚜렷하지 않다. 많은 정신과 의사들이 숙달된 정신분석 학자이거나(프로이트도 원래 신경학과 정신의학을 전문으로 하는 의사였다) 실험심리학과 생물심리학을 공부한 전력이 있다. 마찬가지로 대개 임상심리학자들은 신경 과학과 실험심리학의 최신 조류는 물론이고 의학 치료와 정신의학 치료에 정통하다. 갈수록 정신의학/심리학 및 의학/심리요법의 치료 경계를 나누기가 쉽지 않으며, 대체로 의학 기법과 심리학 기법을 조합해서 정신장애를 치료한다.

/ Psychiatry vs psychology

| 정신의학 | 심리학 |
|---|---|
| 의학 | 정신장애 |
| 정신병 | 삶의 문제 |
| 의사 | 심리요법사 |
| 생리적 | 대화 치료 |
| 신경 과학 | 정신분석 |
| 약물과 수술 | 상담 |

# 치료와 요법

정신장애의 치료는 두 방향으로 발전했다. 19세기 중반에 '정신이상'에 대한 태도가 바뀌었으며, 정신 문제가 병 혹은 유전적 장애라는 생각이 의학의 한 분야로서 정신의학의 확립을 촉진했다. 정신장애의 원인이 뇌의 신체적 기능 부전이라고 여기게 되자, 수술이나 약물을 통해서 신체적으로 치료하는 것이 당연해 보였다. 그 사이 프로이트와 다른 학자들은 침습성이 덜한 심리 치료 방법을 개발하고 있었다.

그 후로 실험심리학과 신경 과학의 영향을 받았고, 정신의학과 심리학의 접근법 사이에 상호 교류가 이루어졌다. 정신과 의사들과 심리학자들이 정신장애의 근본 원인에 대해서는 서로 합의하지 못한 부분이 있을지 모른다. 하지만 심리학자들은 신체적 치료가 종종 많은 장애의 심리적 증상을 완화하는 효과가 있다는 것을 인정하며, 정신과 의사들은 인지 행동 요법 같은 치료의 성과를 인정한다.

# 신체 치료

  뇌의 각 부분들이 손상되거나 뇌세포들 사이의 전기
화학적 소통이 방해를 받으면, 인지 기능과 기분, 성격과
행동에 영향을 미친다. 하지만 때로 뇌의 '건강하지 않은'
부분을 제거하거나 차단하는 수술로 긍정적인 치료 효과를
얻을 수 있다. 한때 심각한 정신병에 흔하게 사용된 이 치료를
오늘날에는 의심스럽게 여긴다. 마찬가지로 전기 충격을
사용해서 신경의 정보 교환을 변경해 심각한 우울증의
원인에 효과적일 수 있는 전기 충격 요법도 논란이 있다.
향정신성 약물은 보다 미세하게 작용하며 특정한 신경의
접속을 강화하거나 약화해서 뇌의 화학적 성질을 변경한다.
그러나 약물 치료도 원치 않는 인지 장애를 일으킬 수 있으며
약물 의존이라는 위험이 따른다. 일부 심리학자들이 물리
요법의 타당성에 이의를 제기하는 동안, 임상 약물 실험에서
가짜 약을 처방받은 통제 집단이 전혀 치료를 받지 않은
집단에 비해 눈의 띄게 증상이 완화되는 플라세보 효과가
발견되었다. 이는 신체 증상을 심리적으로 치료할 수 있다는
가능성을 보여 주었다.

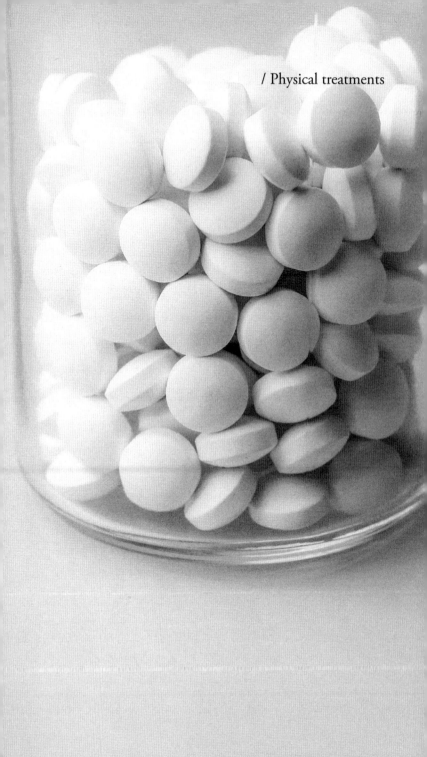

# 정신분석과 심리요법

　정신장애를 신체적으로 치료하는 방법의 대안이 장
마르탱 샤르코와 같은 신경학자들의 연구 및 최면 효과에
대한 관심으로부터 발전했다. 이 연구는 신경증 장애의
근본 원인을 신체의 기능 부전이 아니라 정신의 의식
부분과 무의식 부분 사이의 내면적 갈등(p.146)으로 여기던
신경학자이자 정신과 의사 지크문트 프로이트(오른쪽)에게
강한 영향을 줬다. 치료가 정신분석을 통해 환자의 상태를
이해하는 데 도움이 될 터였다.

　프로이트의 모형에서 대화 치료(p.144)의 수많은
버전이 다양하게 진화했으며 정신역학 접근법이 일부
발전했다. 심리요법의 다양한 방법론들은 행동주의(p.46)와
형태심리학(p.110)과 인지심리학(p.90) 같은 다양한 심리학
분과의 학설을 바탕으로 했지만, 모든 방법론들이 신체적
치료가 아니라 심리학을 활용한다는 기본적인 면에서
공통점이 있었다.

# 정신분석 비판

20세기 내내 다양한 심리요법이 등장했으며, 그중 대다수가 프로이트의 정신역학 이론과 극명하게 달랐다. 이런 발달에도 불구하고 정신분석은 임상에서 지배적인 접근법으로 자리를 굳혔다. 1950년대에 들어 여러 심리학자들이 대안적인 설명을 제시하면서 분위기가 바뀌었다. 또한 심리요법으로서의 정신분석을 공개적으로 비판했으며 신뢰성을 의심했다. 심리학자들은 프로이트의 이론이 비과학적이라고 맹렬하게 비난했으며 비판 대부분이 정신분석 후 환자의 상태가 향상되었다는 객관적인 증거가 부족하다는 점에 집중되었다.

1952년, 한스 아이젱크가 프로이트 학설에 혹독한 공격을 가하며 환자들의 상태가 치료를 받지 않았을 때에 비해서 전혀 향상되지 않았다는 자신의 연구를 인용했다. 프로이트 학설의 분석을 거부한 앨버트 엘리스의 영향을 받은 에런 벡은 정신분석의 주장을 반박하는 증거를 만들었다. 벡은 정신분석가로 활동했지만 프로이트의 정신분석이 과학적 이론이라기보다는 믿음처럼 느껴졌다고 밝혔다.

## / Criticism of psychoanalysis

진실이 확고한 믿음과 모순된다는 건
너무나도 안타까운 일이다.

— 한스 아이젱크

# 인본주의 심리학

프로이트 학설의 정신분석에 대한 반발 중 하나는 20세기 중반에 확산된 인본주의 심리학 운동에서 나왔다. 정신역학 이론은 우리 모두가 경험하는 원초적 욕구, 그리고 자아와 초자아가 제약을 가할 때 생기는 내면의 갈등을 강조했다. 인본주의 심리학은 개별적인 사람, 그리고 그 사람이 모든 욕구를 만족시키는 능력으로 관심을 돌렸다.

미국의 심리학자이자 심리요법 전문가인 에이브러햄 매슬로(pp. 44, 172)는 임상심리학에서 인본주의 운동의 선봉에 섰다. 매슬로는 행동과 정신적 행복이 사회적이고 개인적인 고차원 욕구의 만족과 개인적 목표의 실현에 의해 영향을 받는다는 것을 알았다. 이런 고차원 욕구에서 우리는 단순한 만족이 아니라 달성과 성취감을 추구한다. 인본주의 심리요법은 사람들이 삶의 목적과 의미를 찾고, 개인적 욕구를 모두 충족하고 내면의 혼란을 해결하도록 돕는 것에 초점을 맞춘다.

# 인간의 욕구 단계

　매슬로에 따르면 욕구는 우리가 행동하게 하고 삶의
목적을 달성하게 하는 동기이다. 우리가 욕구를 얼마나 잘
만족시키느냐가 자신에 대한 평가를 결정짓고 세계관에
영향을 미친다. 매슬로는 순전히 생존에 필요한 신체적
필수품부터, 사회적 관계의 욕구, 개인적 성장을 위한 정신적
욕구에 이르기까지 다양한 욕구를 분류했다. 매슬로는 이런
욕구를 피라미드형 계층 구조로 제시했다. 생리적 욕구(공기,
음식, 물, 수면)가 가장 아래에 있고 그 위로 다른 생존 욕구(안전,
주거지, 돈)가 있다. 그 위로 사회 욕구(애정 어린 관계, 성적 친밀감,
우정, 사회집단에 소속)가 있으며 이어서 보다 개인적인 자긍심의
욕구가 나온다. 다음 단계는 매슬로의 '고차원' 욕구 중 첫
번째이다. 고차원 욕구란 개인의 성장과 잠재력의 실현을
위해 추구하는 것이다. 고차원 욕구는 지식을 습득하고자
하는 인지 욕구부터, 아름다움을 감상하고 싶은 심미 욕구,
개인의 잠재력을 실현하고 싶은 욕구로 이어진다. 가장
꼭대기에는 자신을 넘어서 다른 사람이나 대의를 위해
활동하는 자기 초월 욕구가 있다.

# / Hierarchy of human needs

| | |
|---|---|
| **자기 초월 욕구** | 다른 사람의 자아실현 달성을 돕기 |
| **자아실현 욕구** | 개인적 잠재력 인식, 자아실현, 개인의 성장 추구, 정상 체험 |
| **심미 욕구** | 아름다움과 균형과 형식을 감상하고 추구 |
| **인지 욕구** | 지식, 의미 등 |
| **자긍심 욕구** | 자긍심, 성취, 숙달, 독립, 지위, 지배, 명망 등 |
| **사회 욕구** | 가족, 우정, 직장 모임, 성적 친밀감 등 소속과 사랑 |
| **안전 욕구** | 위험 요소로부터 보호, 보안, 질서, 법률, 안정 등 |
| **생물적 생리적 욕구** | 공기, 음식, 물, 주거지, 온기, 섹스, 수면 등 |

# 사람 중심 요법

인본주의 심리학으로 심리학자들 다수가 전통적인 심리요법의 접근에 이의를 제기했다. 1960년대에 칼 로저스는 임상심리학의 근본적인 전제에 도전했으며 장애가 아니라 사람이 심리요법의 중심이 되어야 한다고 제안했다. 로저스의 관점에서 정신의 건강에 이르는 길은 각자가 자신만의 '만족스러운 삶'을 발견하는 것이다. 이상적인 선입견에 자신이나 자신의 삶을 끼워 맞추려고 하지 말아야 한다. 만족스러운 삶은 치료 요법의 최종 결과물이 아니라 진행 중인 과정이다.

로저스는 이를 실현하려면, 과거의 만족이나 실망에 매달리지 말고 현재에 충실하게 살아야 한다고 설명했다. 우리가 마음을 열고 세상을 있는 그대로 경험하면 수많은 가능성을 볼 수 있다. 사람은 기본적으로 착하고 건강하다. 따라서 우리는 자기에게나 다른 사람에게나 '조건이 없는 긍정적 존중'의 관점을 가져야 하며, 자기의 판단력을 믿고 긍정적인 선택을 해야 한다.

# 행동 요법

남아프리카 출신으로 행동 요법의 선구자인 조지프 울페Joseph Wolpe는 전통적인 심리요법의 효과에 의문을 던진 최초의 심리학자였다. 울페는 제2차 세계대전 때 육군 군의관으로 복무했으며 '전쟁신경증'이 있는 현역 복무 복귀자들을 치료했다. 사람들이 자기 경험을 털어놓게 하는 표준 방법론을 사용했는데 효과가 전혀 없자 전통적인 정신분석 기법에 대한 신뢰를 잃어버렸다.

울페는 대신에 행동주의 이론(p.46)으로 관심을 돌렸고 조건형성이 정신장애의 치료에 사용될 수 있는 길을 찾았다. 외상 후 스트레스 장애로 고통 받는 군인들에게 이완 기법을 가르쳤더니 그들이 불안을 억누를 수 있게 됐다. 울페는 외상 후 스트레스 장애와 같은 장애에서 불안은 두려움에서 기인한다고 추론했다. 자극에 대한 정서 반응이라는 것이다. 조건형성을 통해서 그런 반응이 학습되지 않거나 학습되더라도 변경되었으며, 이완을 유도하는 다른 정서 반응으로 대체되었다.

# 상호 제지

울페가 조건형성을 행동 심리요법 중 하나로 제안하기 훨씬 전에, 행동주의 심리학자들은 조건형성을 행동 변경의 수단으로 사용해야 한다고 지적했다. 바람직한 행동을 격려하고 바람직하지 않은 행동을 억제할 수 있다는 것이었다. 이런 행동 수정은 B. F. 스키너 (p.72)가 제안한 행동 요법 중 일부의 근거가 됐다. 그러나 울페가 제안한 것은 달랐다. 상호 제지라고 알려진 과정에서 행동이 아니라 정서 반응을 변경하도록 조건형성을 사용했다. 발상은 단순했다. 어린 앨버트 실험 (p.60)은 정서 반응이 고전적인 파블로프 이론의 조건형성을 사용해서 학습될 수 있고 학습되지 않을 수도 있다는 것을 보여 주었다. 울페는 외상 후 스트레스 장애 환자들을 치료한 경험을 통해서, 두려움과 이완 같은 두 개의 모순된 감정을 동시에 느끼는 것이 불가능함을 알았다. 환자가 차분한 감정으로 자극에 반응하도록 조건형성이 되면 불안을 유발하는 두려운 반응이 제지된다.

/ Reciprocal inhibition

적극성 훈련은 무대 공포증이나 사회에서 겪는 여러 불안한 상황을
극복할 수 있도록 행동을 바꾸는 데 도움이 된다.

# 체계적 둔감화

울페는 자신의 상호 제지 기법〔p. 362〕으로부터 행동 요법의
다른 방법론들을 개발하기 시작했다. 가장 유명한 방법론은
점진적 노출 요법이라고도 부르는 체계적 둔감화이며
공포증과 불안 장애의 치료에서 효과적임이 입증되고 있다.
이번에도 발상은 단순했다. 불안을 유발하는 자극에 노출되는
수위를 점진적으로 높여서 그 자극에 대한 두려운 반응을
잊게 하고 점차 두려움을 극복하게 하는 것이다. 울페는 이
과정을 세 단계로 제안했다. 먼저 환자가 불안을 느끼는
원인(예를 들어서 거미 공포증)을 파악하고, 그 원인이 촉발하는
불안의 강도에 따라서 수직적으로 배열을 한다. 이를테면
거미 사진 보기, 죽은 거미 보기, 살아 있는 거미 보기, 거미
만지기, 거미 잡기와 같은 식으로 나눠서 배열하면 된다.
다음으로 이완 기법과 극복 기법을 배운다. 그리고 나서 가장
낮은 등급의 불안 자극제에 환자를 노출해서 극복 기법을
적용하는 연습을 하게 한다. 두려움을 다룰 수 있게 되면,
다시 다음 등급의 불안 자극제에 노출한다. 이렇게 해서 점차
두려움을 극복하게 된다.

# 혐오 요법

조건형성의 개념은 행동 요법의 여러 유형을 탄생케 하는 계기가 됐다. 일부는 행동 수정의 다양한 방법론에 의지해서 바람직하지 않다고 여겨지는 특정한 행동을 억제했다. 그중 하나가 혐오 요법이다. 혐오 요법은 부정적 강화(p.76) 원칙을 바탕으로 하며, 원래 중독이나 나쁜 버릇을 고치는 용도로 개발되었다. 본질적으로 혐오 요법은 특정한 행동에서 불쾌하거나 불편한 감각을 떠올리도록 가르치는 조건형성 과정이다. 이를테면 손톱을 물어뜯는 버릇은 손톱에 쓴맛이 나는 물질을 발라 놓으면 고쳐진다. 보다 심각한 버릇이나 중독 행동을 위한 부정적 강화는 그에 상응해 극심해져서, 술을 끊게 하려고 부작용이 있는 화학약품을 술에 넣기도 한다. 일부 혐오 요법은 윤리적인 측면에서 논란의 여지가 있으며, 신체적으로 불편을 주는 방식은 상상으로 혐오를 유발하는 방식으로 대폭 대체되었다.

앤서니 버지스의 소설인 『시계태엽 오렌지』에서 실험자들은 폭력적인 성향을
치료한다는 명목으로 주인공에게 구토를 유발하는 약물을 투여하며 폭력적이고
선정적인 이미지를 강제로 보게 한다.

# 합리적 정서 행동 요법

제2차 세계대전 후, 행동주의 이론이 인지심리학으로 대체되기 시작했으며 심리요법 전문가들은 정서 장애 및 치료에서 인지 과정의 역할로 관심을 돌렸다. 이런 시도를 처음 한 심리학자 중 하나가 원래 프로이트 학설의 정신분석가 교육을 받은 앨버트 엘리스였다. 1950년대에 인지 혁명의 영향을 받은 엘리스는 합리적 정서 행동 요법을 개발했다.

엘리스는 기분 장애에서는 부정적인 사건에 대한 반응보다는 부정적인 사건을 보는 방식(그 사건에 대한 합리적 혹은 비합리적 믿음)이 더 중요하게 작용한다고 믿었다. 부정적인 일, 즉 '선행 사건'이 일어나면 우리는 자동적으로 부정적인 정서 반응을 보인다. 이는 사건이 부정적이라는 우리의 믿음을 강화하며 우리는 부정적 정서의 악순환에 빠져든다. 그러나 이와 달리 부정적인 사건에 대해 정서를 자제하고 좀 더 합리적인 반응을 보이는 쪽을 선택할 수도 있다. 이렇게 되면 한 발 물러서서 사건을 볼 수 있게 되며 자기에게 해로운 부정적 정서가 강화되는 것을 피할 수 있다.

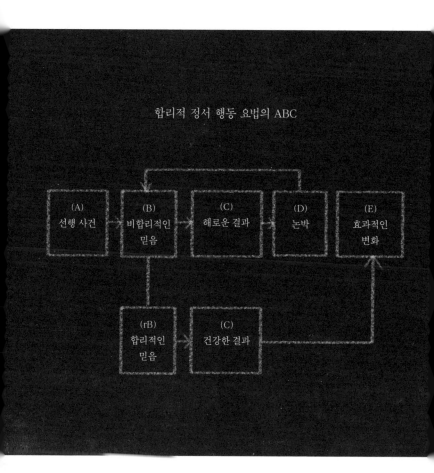

合理的 情緒 行動 要法의 ABC

| (A)<br>선행 사건 | (B)<br>비합리적인<br>믿음 | (C)<br>해로운 결과 | (D)<br>논박 | (E)<br>효과적인<br>변화 |

| (rB)<br>합리적인<br>믿음 | (C)<br>건강한 결과 |

# 인지적 접근

제2차 세계대전 후 인지심리학의 발전을 계기로 더욱
엄격한 과학 방법론의 필요성이 제기되었으며 정신분석은
여러 연구에서 과학적 정밀 조사의 대상이 됐다. 에런 벡은
이 시기에 정신역학 방법론에 실망한 정신분석가 중 하나다.
그는 무의식 이론이 비과학적이라고 판단하고, 인지 과정으로
관심을 돌렸다.

엘리스와 마찬가지로, 벡은 기분 장애가 부정적인 생각으로
발생하며 치료의 핵심은 환자가 비합리적인 태도를 알아채고
이해하도록 돕는 것이라고 여겼다. 벡은 이 방법론을 우울증
치료에 적용했다. 벡은 우울증이 인지 삼제cognitive triad, 즉
자신과 세상과 미래에 대한 부정적인 믿음 세 가지에서
나온다고 믿었다. 이런 부정적인 믿음은 악순환을 형성해서
'나는 가치가 없어'라는 생각에서 시작해서 돌고 돌아 '나는
쓸모가 없으니 가치가 없어'라는 생각으로 돌아온다.

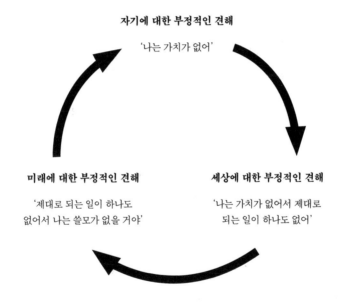

자기에 대한 부정적인 견해

'나는 가치가 없어'

미래에 대한 부정적인 견해

'제대로 되는 일이 하나도
없어서 나는 쓸모가 없을 거야'

세상에 대한 부정적인 견해

'나는 가치가 없어서 제대로
되는 일이 하나도 없어'

# 인지 행동 요법

벡은 환자들이 합리적으로 생각하도록 유도해서,
우울증으로 이어지는 부정적인 생각의 악순환을 깨는
방법을 개발했다. 이런 과정은 상황을 보는 관점을 바꾸며
만사가 전적으로 부정적이거나 긍정적이지는 않다는 사실을
알게 한다. 원래 벡의 요법은 부정적인 생각의 인지적
평가로만 구성되었으며 인지 요법으로 알려졌다. 하지만
벡은 과학적으로 효과가 있다고 입증된 모든 종류의 개념에
개방적이었으며, 행동 요법의 일부 방법론에 관심을 갖게
되었다. 벡이 자신의 치료에 통합한 이런 방법론은 오늘날
인지 행동 요법으로 불린다. 일반적으로 인지 행동 요법은 두
가지 단계로 진행된다. 먼저 환자는 정신적 고통을 유발하는
비합리적이고 부정적인 생각을 파악한 후 이런 믿음을
상황에 대한 객관적인 사실과 비교해서 다른 관점을 갖는다.
이어서 행동 수정을 이용해서 부정적인 생각을 강화하는
행동을 억제한다.

**행동**

공격적으로 바뀌거나
더욱 주저하게 됨,
사람들에게 갑자기
화를 냄,
사교 모임을 피함

**신체**

심장 박동 수 증가, 땀,
신경성 경련, 손 떨림

**정서**

불안, 슬픔,
스트레스

**생각**

걱정, 부정적, 두려움

# 자동 사고

벡은 우울증 인지 이론에서 비합리적인 부정적인 생각 세 가지를 '자동 사고'라고 설명했다. 이런 자동 사고는 우울증의 원인일 뿐만 아니라 특히 강박 장애를 비롯한 기분 장애와 불안 장애의 중심이 되기도 한다. 강박 장애에서 집착은 극도로 고통스러운 두려움과 불안과 걱정을 일으키는 자동 사고로 표현되며, 대체로 죽음과 질병 혹은 성적 본능에 대한 불편하고 당혹스러운 생각으로 이어진다.

이런 생각은 비합리적인 데다가 강압적이고 반복적이며 간단히 무시하거나 부정할 수 없다. 대체로 집착은 손 씻기 혹은 숫자 세기와 같은 특정한 행동이 불안을 막거나 줄여 줄 것이라는 비합리적인 믿음을 동반한다. 이런 행동 역시 통제하기 불가능해지며, 강박적인 불안과 마찬가지로 반복적으로 되풀이된다. 하지만 강박 장애는 인지 행동 요법으로 좋은 효과를 볼 수 있다.

# 학습된 무력감 이론

벡의 우울증 인지 이론은 기분 장애에 대한 사고의 틀을 깼으며, 인식의 의식적인 변화로 부정적인 생각의 악순환을 멈출 수 있다는 발상을 알렸다. 이후 우울증의 원인에 대한 연구가 마틴 셀리그먼을 비롯한 심리학자들에 의해서 실시됐다. 셀리그먼은 부정적인 생각의 악순환을 '학습된 무력감'의 결과라고 설명했다.

셀리그먼은 동물들을 대상으로 한 실험에서, 피할 수 없는 불쾌하거나 고통스러운 자극을 반복적으로 받다 보면 그 불편함에서 벗어날 기회가 주어질지라도 기회를 받아들이지 않는다는 점을 발견했다. 셀리그먼은 동물들이 상황을 통제할 수 없다는 무력감을 학습하게 되었다고 결론을 내렸다. 마찬가지로 부정적인 생각을 경험한 사람들은 그런 생각을 통제 불능으로 여기도록 학습하게 되며 상황의 결과에 영향을 줄 수 없다는 무력감을 느낀다.

우울증이 비합리적인 부정적인 생각과 학습된 무력감에서 나온다는 사실을 이해하면, 인지 행동 요법의 두 가지 복합적인 접근법으로 우울증 치료에 효과를 볼 수 있다.

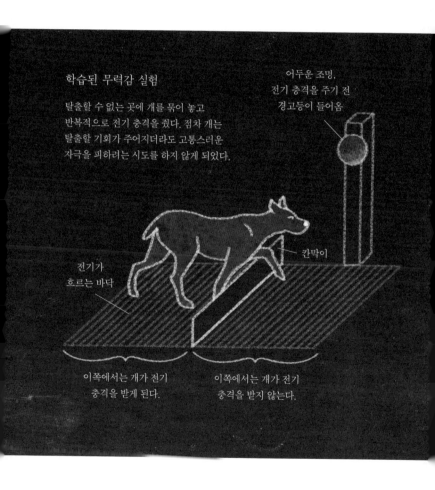

학습된 무력감 실험

탈출할 수 없는 곳에 개를 묶어 놓고
반복적으로 전기 충격을 줬다. 점차 개는
탈출할 기회가 주어지더라도 고통스러운
자극을 피하려는 시도를 하지 않게 되었다.

어두운 조명.
전기 충격을 주기 전
경고등이 들어옴

칸막이

전기가
흐르는 바닥

이쪽에서는 개가 전기
충격을 받게 된다.

이쪽에서는 개가 전기
충격을 받지 않는다.

# 긍정 심리학

학습된 무력감 이론은 오랜 세월에 걸쳐 우울증을
연구한 결과였으며, 자신의 부정적이며 우울한 성향을
깨닫게 된 셀리그먼에게는 개인적으로 중요한 의미가
있었다. 셀리그먼은 스스로의 조언을 따라서 상황에 대한
인식을 바꾸기로 결심했다. 이 과정에서 셀리그먼은
특히 앨버트 엘리스의 심리요법 접근(p.368)을 비롯한
인본주의 심리학자들의 개념에 영향을 받았다. 셀리그먼은
임상심리학이 만족스럽고 건강하고 행복한 삶에 대해
긍정적인 생각을 하도록 격려하는 것이 아니라 부정적인
면(장애 및 치료)을 너무 강조한다는 견해에 동의했다. 이는
'긍정 심리학' 운동으로 발전했다. 엘리스는 행복한 삶에
필요한 요소를 알아내려고 노력하는 사람들을 연구하기
시작했다. 엘리스는 행복에 이르는 길은 여러 가지이며 행복한
삶에는 세 가지 유형이 있다는 것을 발견했다. 이는 친목과
감각적 즐거움을 바탕으로 하는 '즐거운 삶', 다른 사람이나
대의를 위해 노력하면서 발견하는 '의미 있는 삶', 개인의 성장
잠재력을 마음껏 발휘해서 달성하는 '적극적인 삶'이다.

# 몰입

셀리그먼이 행복한 삶에 중요하다고 여긴 긍정 심리학의 한 측면은 만족과 성취라는 감정이다. 이는 단지 일을 잘 마무리하고 느끼는 만족감을 말하는 것이 아니다. 심리학자 미하이 칙센트미하이는 어떤 일에 온 정신을 기울여 열중할 때 경험하는 상태를 뜻하는 용어로 '몰입flow'을 처음 사용했다. 깊이 빠져 몰두하는 것, 즉 몰입하는 것은 단순한 행복이나 만족을 넘어선 무아지경의 상태이다. 이런 상태는 즐기기 위한 취미 활동뿐만 아니라 완전한 집중이 요구되는 활동에서도 느낄 수 있다. 몰입하면 우리 자신과 주변에서 벌어지는 일을 의식하지 않게 되고, 새로운 차원의 무의식 상태에 들어가게 된다. 이렇게 되면 하고 있는 일에 완전히 집중하고 있는데도, 마음이 평온하고 시간이 단숨에 흐르며 몰입 대상과 하나가 된 듯한 일체감을 느끼게 된다.

# 마음 챙김과 명상

때로 심리요법의 방법론은 주류 심리학의 밖에서 영향을
받았으며 이런 예로 특히 일부 아시아 지역과 관련 있는
명상을 들 수 있다. 이국적인 문화에 대한 관심은 1960년대
히피로부터 시작됐으며 '뉴 에이지'라는 개념과 더불어
이어졌다. 동시에 힌두교와 불교의 요가를 비롯한 인도 전통
문화의 요소들이 서양의 대중문화에 통합됐다.

처음에 요가와 명상은 이완 기법으로 알려졌지만, 일부
심리학자들은 이런 방법론들이 외부에서 들여다보듯이
자신의 생각을 차분히 관찰하는 '마음 챙김'을 할 수 있도록
환자를 돕는다는 것을 깨달았다. 이렇게 생긴 관점은
초연하고 공정하기 때문에, 우울증과 같은 기분 장애를
일으키는 부정적인 생각을 파악해서 인식을 바꾸는 용도로
인지 요법에서 사용될 수 있다.

# 심리학의 적용

심리학이 별개의 과학 분야로 자리 잡은 지는 150년이 되지 않았지만 현대 문화에서 중요한 자리를 차지했다. 각종 심리학 이론이 주류 사상의 일부로 자리 잡았으며 열등 콤플렉스나 OCD(강박 장애) 같은 용어가 일상생활에서 자연스럽게 사용된다. 요컨대, 심리학은 모든 사람의 삶에 영향을 미치고, 우리가 자신 및 다른 사람에 대해 생각하는 방식을 바꾸고, 현대사회의 형성에 기여한다.

우리의 행동과 인지 과정이 우리의 모든 활동에 관여하기 때문에 심리학은 어디에서나 흔하게 보인다. 그러나 교육을 받은 심리학자 중 소수만이 연구직을 맡고 이론을 내놓는다. 대다수는 이론이 실행되는 분야에서 일자리를 찾으며, 심리학자들은 거의 모든 직장에 고용된다. 당연히 많은 심리학자가 정신 건강과 교육 분야와 밀접하게 관련된 일을 한다. 또한 사업계와 산업계, 광고계와 언론계, 스포츠계와 연예계, 법조계와 정치계, 심지어 경제계에서 관련성이 좀 더 적은 일을 하는 사람도 있다.

# 임상 및 건강 심리학

심리학의 이론과 발견이 가장 분명하게 적용되는 분야는 임상심리학이다. 여기에서 심리학자들은 정신장애를 치료하거나 일반적으로는 각종 정신 의료 분야에서 일하기 위해 다양한 용법들을 배우고 익힌다. 이런 훈련에는 장애 자체를 치료하는 것은 물론, 장애가 환자의 사회적 및 개인적 생활에 주는 영향을 평가하는 것도 포함된다. 환자가 직장에서 맡은 임무를 처리하는 능력이나 한 일자리를 계속 유지하는 능력, 혹은 가족과 친구, 동료와 같은 다른 사람들에게 미치는 파급력까지 살펴보는 것이다.

또한 정신장애는 신체의 건강에 영향을 미칠 수 있으며 각기 다른 분야에 속하는 전문 의료진들의 협력이 요구된다. 이럴 때 필요한 것이 신체적 질병이나 부상의 심리적 영향을 다루면서 환자들을 돕는 건강 심리학이다. 의학 교육을 받지 않았더라도, 병원이나 의료 센터에 설치된 정신 건강 기관에서 근무하는 심리학자들은 의사와 간호사와 함께 일한다.

# 상담과 지도

우리에게 전문적인 심리학자들의 도움이 필요한 순간은 우울증이나 불안증 같은 특정한 정신장애에 대처할 때만이 아니다. 모든 사람이 살아가면서 정신 건강에 큰 피해를 줄 수 있는 다양한 단계의 스트레스기를 거친다. 이런 시기는 일생 동안 새로운 상태로 넘어갈 때 겪어야 하는 정상적이고 자연스러운 '통과의례'일 수도 있고, 어려운 결정이 필요한 걸림돌일 수도 있다. 예를 들어서 가족의 사망이나 이혼은 혼자서 극복하기가 어렵고 너무 고통스럽다.

스트레스가 심한 상황에 대한 부정적인 반응은 비정상이 아니며, 일반적으로 심리요법이나 치료보다는 전문 상담사의 지도가 필요하다. 상담사는 학교에서의 문제부터 직업 선택, 결혼 생활과 가족 문제, 약물 남용의 영향, 사별, 장애와 불치병을 다루는 방법에 이르기까지 우리가 부딪칠 수 있는 다양한 심리적 중압감에 대해 훈련을 받는다. 상담사는 의뢰인이 부정적인 상황을 극복할 전략을 개발하고 심리적으로 건강한 삶을 유지하도록 돕는다.

# 범죄심리학

　대중소설을 보면 범죄 과학 심리학자들은 대체로
사이코패스 살인자의 성격을 분석해서 체포하도록 돕거나
유괴범 혹은 인질을 붙잡고 있는 범인과 협상하는 방법을
경찰에게 조언하는 범죄 심리 분석관, 일명 프로파일러로
등장한다. 그러나 이런 모습은 광범위한 심리학과 법률
분야에서 아주 작은 부분에 불과하다. 범죄와 반사회적
행동을 유발하는 정신장애에 대한 연구가 대단히 많이
이루어지고 있으며 정신병리학뿐만 아니라 사회 및 성격
심리학의 측면까지 관련된다.

　범죄 심리학자들은 재소자들을 직접 상담하며 갱생을
돕기도 한다. 심리학은 법정에서도 중요한 역할을 하는데
대체로 심리학자들이 전문가 증인으로 참석해 증언을
하거나 피고의 책임 등급이나 목격자 증언의 신뢰성[p.136]을
판단하는 데 도움을 준다. 심리학자들은 보이지 않는 곳에서
합의나 범죄에 대한 책임을 질 수 있는 나이를 결정하기도
하고, 어떠한 정신장애가 법적 관할권 안으로 들어와야
하는지를 판단하기도 한다.

# 조직 심리학

사회심리학에서 나온 개념은 소규모 사회단체에서부터 대규모 공동체에 이르기까지 각종 집단 내에서 우리가 조직적으로 살아가는 방식과 공동 목표를 달성하기 위해서 협력하는 방식에 막대한 영향을 미쳤다. 집단에서 개인 구성원의 역할과 구성원들을 화합하게 하는 힘에 대한 이해는 경영계와 산업계에서 공동체 정신을 조장하고 개인의 기술과 능력을 활용하며, 지휘 체계를 확립하는 데 특히 유용하다.

동일한 원리가 다른 형태의 단체에도 적용된다. 공유하는 신념 혹은 공통의 이익을 지닌 정치단체나 종교 집단과 같은 조직의 통일성을 확립하기 위해 집단 역동과 집단 응집성 이론이 사용될 수도 있다. 조직의 내부 역동성과 구조뿐만 아니라 사회심리학도 조직의 관계, 다른 조직과의 상호 작용, 공동체 내에서 조직의 위치에 대한 이해를 돕는다.

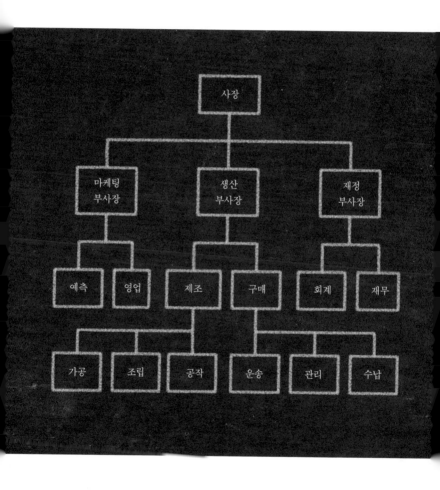

# 광고와 대중매체

　태도와 설득의 방법론에 대한 연구는 광고계와 마케팅 분야와 뚜렷한 관련이 있으며, 제품을 사도록 설득하는 기법은 물론이고 광고의 목표 대상을 효과적으로 겨냥하는 기법까지 제공한다. 예를 들어서 광고계는 심리학 연구에서 태도를 평가하기 위해 개발된 질문지 조사와 설문 조사를 받아들여 시장을 평가하고 가장 적절한 제품 홍보 수단을 선택하는 용도로 사용한다.

　전문가나 유명인이 보증하는 광고, 정서와 성적 매력 강조와 같은 비법은 모두 심리학 이론에서 나온 것이다. 선전이나 정치 운동이나 종교 전도에서의 아이디어도 제품과 같은 방식으로 판매되며, 대체로 타당한 주장을 하기보다는 두려움과 편견을 이용한다(심리학 연구를 근거로 한 기법이다). 이런 설득 방법들은 공중 보건 캠페인, 의료 안전, 자선 활동 등에서 더욱 긍정적이고 친사회적으로 사용될 수 있다.

# 교육

발달심리학은 초점을 교습이 아닌 학습에 맞추면서 교육 이론의 방향을 바꾸어 놓았다. 장 피아제(p.250)를 비롯한 심리학자들은 어린이가 다양한 인지 발달단계를 거치며 각 단계마다 각자 다른 탐색과 발견 과정을 겪는다는 사실을 입증했다. 교육자의 역할은 정보와 가르침을 받아들이게 하는 것이 아니라 학습을 안내하는 것이다. 또한 심리학은 학생들이 책이 아니라 실제 체험을 통해 학습할 때 효과가 가장 높다는 것을 보여 주었다.

이런 개념들은 유럽과 미국의 많은 교육기관들에 의해 도입되었으며, 아동의 발달단계에 맞춰 학습 영역을 점진적으로 확대하는 것에 중점을 두고 교과과정 설계와 교육 방법이 전면적으로 정비되도록 영향을 끼쳤다. 한편 전통적인 주입식 교육이 여전히 지속되고 있으며 일부 보수적인 교육학자들의 지지를 받고 있다. 교육에 대한 정부의 태도에 따라, 심리학자들이 정책에 조언을 하기도 한다.

# 경영과 인적자원

사회심리학의 거의 모든 측면이 경영 조직을 효과적으로 기능하게 하는 방식과 관련이 있다. 사회집단에 대한 연구는 해당 집단의 전략과 약점에 따라 계급이 발달하는 과정과 구성원에게 직위를 할당하는 방식을 보여 주었다. 지도자들은 외부에서 영입되거나 내부에서 선출되며, 집단응집력을 불러일으키고 조직과 구성원들에게 필요한 사항을 평가하고 그 둘 사이를 절충하는 역할을 한다. 훌륭한 상사가 되려면 단순히 모든 사람들이 제 몫의 임무를 완수하도록 북돋는 것만이 아니라, 근본적인 심리를 이해해야 한다. 어찌 보면 리더십보다 인적자원 관리가 사회심리학의 원리에 더 많이 의지한다. 인적 자원 관리는 각 구성원이 스스로 조직에 기여하고 있으며, 인정받는다고 느끼고, 조직 내외의 압박으로 업무에 지장을 받지 않게 하는 것이 목적이다. 또한 노사 관계에서 신속하고 평화적인 분쟁 해결을 위해 태도 및 내집단에 대한 이해와 설득 기법이 필수적이다.

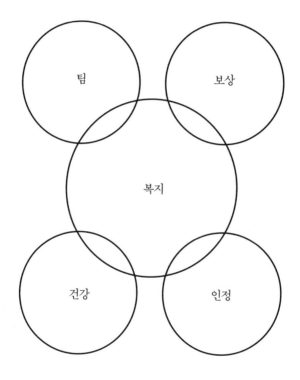

# 직업심리학

 사회심리학이 조직과 능률적인 경영 구조에 틀을
제공하지만, 노동자의 작업환경을 향상하는 역할은 대부분
인지심리학이 했다. 주의, 신체 및 정신적인 스트레스의
영향 같은 인지 과정에 대한 이해 덕에 특히 제조업계의
작업 관행이 대대적으로 변경됐다. 소음이 심하고 너무 더운
공장의 생산 라인에서 실시되는 반복적이고 위험한 작업은
노동자의 건강과 안전과 사기뿐만 아니라 생산성에도 좋지
않다는 것이 입증됐다.

 도널드 브로드벤트는 심리학의 목적이 실생활의 문제점을
해결하는 것이라는 생각을 널리 알렸다. 인지심리학에서
이익을 얻은 산업계가 제조업만은 아니었다. 심리학자들은
거의 모든 일자리에 필요한 인지 기술의 종류, 작업장
환경과 작업 관행을 기업과 노동자 모두에게 더욱 즐겁고
생산적으로 향상시킬 수 있는 방법을 연구했다.

# 스포츠 심리학

    사회집단의 심리학은 특히 단체정신이 경기력에서 아주 중요한 요소인 단체 스포츠와 관련이 있다. 팀끼리 경쟁한다는 면에서 '내집단'과 '외집단'(p.204) 개념과도 관계가 있으며, 훌륭한 코치나 감독이라면 집단 사고의 요소들이 건전한 경쟁 태도를 유지하는 데 긍정적으로 사용될 수 있다는 점을 알 것이다.

    개인 스포츠를 하는 사람들도 사회심리학에 관심을 갖는다. 경쟁이라는 요소가 성취에 자극을 주기는 하지만, 심리학자들은 주변에 사람이 있는 것만으로도 성과가 좋아진다는 사실을 입증했고 이에 따라서 많은 스포츠에서 다른 사람들과 함께 훈련을 한다(p.188). 예를 들어서 육상 선수와 사이클 선수 들은 주기적으로 페이스메이커를 활용한다. 또한 팀에 대한 연구는 사회적 태만(p.190)의 위험성, 혹은 선수들의 기여도가 동등하게 평가받지 못하거나 공정하게 분포되지 않는다는 느낌에서 유발되는 팀 내 갈등을 부각해서 보여 준다.

# 심리학의 현재와 미래

모든 과학과 마찬가지로, 심리학이 알아야 할 모든 것을
다 발견할 수는 없다. 이론은 완전한 설명을 제공하는 경우가
드물며, 대체로 새로운 이론에 의해 반박을 받는다. 하지만
현 단계에서는 심리학과 다른 분야들의 접점에 대단한
관심이 모아지고 있다. 예를 들어서 신경 과학의 발달은
파악하기 힘든 의식이라는 개념을 훨씬 잘 이해하도록
도왔으며, 컴퓨터 공학과 심리학의 상호 작용은 인공지능의
성장을 가속화했다.

또한 심리학 이론의 새로운 적용 분야가 발견되고 있다.
가장 두드러지는 분야는 정신장애를 진단하고 치료하는
기법이 계속 개발되고 있는 임상심리학이지만, 경영계와
산업계에서도 심리학이 확산되고 있다. 심리학자인 대니얼
카너먼은 노벨 경제학상을 받았으며, 최근 전 세계의 경제적,
사회적, 정치적 격변은 인간 심리라는 새로운 분야의
중요성을 더욱 부각하고 있다.

# 통속 심리학

철학자와 과학자 들이 인간의 정신과 행동을 설명하려고
노력한 이래로 그들의 생각은 끊임없이 전파되고, 토론되고,
열성적인 대중의 반응을 얻었다. 통속 심리학이 비교적
최근의 현상으로 여겨질지 모르지만, 로버트 버턴의
1621년 작 『우울증의 해부』와 같은 책들은 발표 당시부터
베스트셀러였다. 프로이트부터 카너먼에 이르는 많은
심리학자들은 누구나 이름을 아는 유명인이 되었고, 밀그램의
실험과 짐바르도의 실험 (pp. 208, 212)도 마찬가지로 유명하다.

우리를 (또 다른 사람들을) 움직이는 원동력에 대한 관심은
이해 욕구나 자기 계발 욕구를 훨씬 뛰어넘으며, 소설과
드라마에 계속해서 등장하는 흥미로운 소재이다. 리얼리티
프로그램들은 정보 제공은 물론 오락을 목적으로 심리적
상황을 제공한다. 인간은 원래 탐구심이 많으며 인간이 가장
좋아하는 주제는 자기 자신이다. 그래서 의식 현상과 인간의
행동을 연구하는 심리학은 항상 여러 과학 중에서 가장
인기가 많았다.

## 주요 용어

**각인**
일부 동물이 처음 본 움직이는 대상에게
애착을 갖는 과정.

**강화**
조건형성에서, 반응의 가능성을 높이는
모든 요소.

**게슈탈트 요법**
통합적인 인간에 초점을 맞추는
심리요법의 종류.

**결정적 지능**
교육과 경험을 통해 학습된 지식과
기술을 사용하는 능력

**고전적 조건형성**
조건반응이 중립 자극으로 촉발되는
학습 유형.

**기능적 자기 공명 기록법**
뇌 속 혈액이 세포로 전달되는 흐름에서
자기 특성의 변화를 감지하는 뇌 영상화
기법.

**내향적**
자신의 내면으로 향하는 성격 유형.

**뉴런**
전기 화학적 신호를 받거나 전송하는
신경계의 세포.

**단기 기억**
장기 기억에 저장할 필요가 없으며

특정한 임무에 필요한 정보를 다루는
기억 과정.

**무의식**
정신분석에서, 원초적인 충동과 억압된
기억이 저장된 정신의 큰 부분.

**발견적 방법**
복잡한 문제에서 합리적인 생각보다
우선해서 손쉽게 사용하는 '경험 규칙'.

**발달심리학**
성장 단계 및 신체적 과정과 심리적
과정의 상호 작용을 다루는 심리학의
분과.

**본능**
일반적으로 생존에 필요한 특정 행동을
하는 선천적이고 유전적인 경향.

**사회 문화적 성gender**
남성 혹은 여성의 생리적 상태가 아닌,
심리적 상태.

**시냅스 전달**
정보가 뉴런들의 접합 부위인 시냅스를
지나 하나의 뉴런에서 다른 뉴런까지
전기 화학적으로 전달되는 것.

**신경 과학**
뇌와 중추신경계를 연구하는 학문.

**심리요법**
약물이나 수술이 아니라 심리학 이론을

이용해서 정신장애를 치료하는 다양한
방법.

**앞잡이** (혹은 공모자)
실험 대상자인 척하고 심리학 실험에
참가하지만 연구자와 협력하는 사람.

**애착**
아이와 엄마 사이에 형성되는 것과 같은
정서적으로 강한 유대감.

**억압**
프로이트의 이론에서, 정신이 불편한
생각과 기억을 의식에서 제거하고
무의식으로 억눌러서 처리하는 방법.

**외향적**
외부 세상으로 향하는 성격 유형.

**원형**
융의 집단 무의식 이론에서 보편적인
의미를 가진 이미지나 아이디어.

**유동적 지능**
교육과 경험을 통해서 학습된 지능이나
기술을 사용하지 않고 새로운 문제를
해결하는 능력.

**의미 기억**
일화 기억이나 절차 기억과 달리,
사실과 지식에 대한 기억.

**의식**
자신 및 자신의 생각과 환경에 대한 인식.

**이드**
프로이트의 이론에서, 쾌락과 만족을
충동적이고 본능적으로 추구하는

정신의 무의식적인 부분.

**인지**
기억, 지각, 의식, 추론을 포함하는 정신
작용에 관련됨.

**인지 부조화**
대립되는 두 개의 신념을 가지고 있거나
사실이 뿌리 깊은 신념에 모순될 때
느끼는 불편함.

**인지심리학**
행동이 아니라 정신 작용을 연구하는
심리학 접근법.

**일반 지능 g**
스피어먼에 따르면, 모든 지적 행동의
기초가 되는 요인.

**일주기성 리듬**
하루를 주기로 나타나는 활동 패턴이며
'체내 시계'에 의해 결정됨.

**일화 기억**
의미 기억이나 절차 기억과 대조적으로,
상황에 대한 기억.

**자아**
프로이트의 이론에서, 이드의 선동을
완화하는 의식적이고 합리적인 정신의
부분.

**장기 기억**
정보를 저장하고 나중에 되찾아오는
기억 과정.

**절차 기억**
일화 기억이나 의미 기억과 달리,

기술과 능력 및 특정한 행동을 하는
방법에 대한 기억.

**정신분석**
프로이트가 정신장애를 유발하는
무의식의 갈등과 충동을 알아내려고
개발한 심리요법의 한 형태.

**정신역학**
프로이트의 이론에서, 정신의 다양한
부분들 사이에서 때로 충돌하는 힘.

**정신의학**
정신 질환을 다루는 의학 분과.

**조건형성**
반응이 자극과 연관되는 여러 학습
유형.

**조작적 조건형성**
생물이 자신의 행동이 환경에 미치는
영향을 관찰해서 학습하는 조건형성의
유형.

**조현병**
정신 기능의 손상과 왜곡된 현실 지각을
특징으로 하는 심각한 정신장애를
일컬음. 환각과 환청, 불안한 행동 및
정서, 성격 등의 증상을 보임.

**지각**
감각으로 얻은 정보를 해석해서 외부
세상을 이해하는 인지 과정.

**지능 지수 IQ**
전체 인구의 평균값(IQ 100)과 비교해
놓은 일반 지능의 측정 수치.

**집단 무의식**
융의 이론에서, 유전적인 관념과
이미지, 즉 원형이 들어 있는 정신의
부분.

**집단 사고**
때로 합리적인 의사 결정보다 순응을
가치 있게 여기는 집단의 경향.

**초자아**
프로이트의 이론에서, 부모와 사회와
권위자에게 배운 규범과 도덕을
유지하는 정신의 부분.

**충동**
생리적 욕구를 만족시키도록 자극하는
생물적 욕구.

**태도**
신념과 가치관의 영향으로 형성된,
특정한 방식으로 상황과 개념과 사람을
대하는 경향.

**특성**
성격을 형성하는 다양한 자질과 속성.

**플라세보**
약물의 효과를 시험할 때 통제 요소의
역할을 하며, 실제로는 치료 효과가
전혀 없는 약.

**행동주의**
정신 작용이 아니라 관찰할 수 있는
행동을 연구하는 심리학 접근법.

**형태심리학**
심리의 모든 측면이 개별적인 구성
요소가 아니라 전체로 고려되어야
한다고 주장하는 접근법.

# Picture Credits

4: Shutterstock/zizar / 8: Shutterstock/ thelefty / 29: Science Photo Library/ Science Picture Co. / 33: Shutterstock/ Iaryna Turchyniak / 35: Shutterstock/ Bombaert Patrick / 39: Shutterstock/ Sergey Nivens / 45: REX/London News Pictures / 61: Mary Evans/Classicstock/ H. ARMSTRONG ROBERTS / 63: Topfoto/Classicstock/H. ARMSTRONG ROBERTS / 71: Shutterstock/Erni / 77: Mary Evans/GROSVENOR PRINTS / 85: Shutterstock/Davide Trolli / 87: Getty/The LIFE Picture Collection / 89: Shutterstock/Utekhina Anna / 91: Getty/ VintageMedStock / 95: Shutterstock/ Jens Goepfert / 99: © Corbis/SuperStock / 103: Getty/Science Photo Library Pasiera / 105: Mary Evans/Classic Stock/ Ewing Galloway / 107: Shutterstock / 111: Shutterstock/Gitanna / 117: © Corbis/ Kirn Vintage Stock / 119: Shutterstock/ VLADGRIN / 127: ALAMY © Ewing Galloway / Alamy / 133: © Corbis / 137: Topfoto/The Granger Collection / 141: Shutterstock/Arcady / 145: Getty/Petrified collection / 151: Topfoto/Topham/AP / 153: Shutterstock/Iaroslav Neliubov / 155: Getty/Photograph by Arturo Latierro "EwarArT" / 157: Shutterstock/zizar / 163: Rex Features/Moviestore Collection / 167: Shutterstock/pukach / 169: Shutterstock/ lrafael / 177: Shutterstock/coka / 181: Mary Evans/INTERFOTO/Sammlung Rauch / 183: Rex Features/Moviestore Collection / 187: Rex Features/Moviestore Collection / 189: Corbis © PCN/Corbis / 191: Getty/ Antenna / 193: Shutterstock/STILLFX / 199: Topfoto.co.uk / 201: Shutterstock/ Monkey Business Images / 203: Shutterstock/Petr Jilek / 205: Shutterstock/ Vladimir Jotov / 207: Shutterstock/ID1974 / 211: Shutterstock/JPL Designs / 215: Rex Features/Moviestore Collection / 217: Shutterstock/Ververidis Vasilis / 219: Shutterstock/Barabasa / 231: Shutterstock/ Norman Chan / 235: Shutterstock/Vaclav Volrab / 237: Shutterstock/Rashad Ashurov / 239: ©Tim Mercer/Mary Evans Picture Library / 241: © Illustrated London News Ltd/Mary Evans / 243: H. ARMSTRONG ROBERTS/ClassicStock/Topfoto / 247: Science Photo Library/Science Source / 249: Shutterstock/Dave Pusey / 251: Shutterstock/lemony / 255: Shutterstock/ serg dibrova / 257: TopFoto/HIP / 259: H. ARMSTRONG ROBERTS/ClassicStock/ Topfoto / 261: Mary Evans Picture Library / 267: Getty/Pierre Caillault / 271: Topfoto/B. TAYLOR/ClassicStock / 273: H. ARMSTRONG ROBERTS/ ClassicStock/Topfoto / 275: Mary Evans Picture Library / 277: ©ullsteinbild/ TopFoto / 279: Shutterstock/Peeradach Rattanakoses / 281: Shutterstock/Warren Goldswain / 285: Shutterstock/utcon / 287: © Bettmann/CORBIS / 295: TopFoto/ HIP / 301: © HultonDeutsch Collection/ CORBIS / 303: Mary Evans Picture Library / 311: Shutterstock/kenjii / 315: REX/Courtesy Everett Collection / 319: Shutterstock/Art man / 327: Shutterstock / 329: Shutterstock/Lipik / 333: Mary Evans Picture Library / 335: YTopfoto / 337: Shutterstock/Germanskydiver / 339: Shutterstock/Anna Tyurina / 347: Shutterstock/Zern Liew / 355: Shutterstock/hxdbzxy / 361: Shutterstock/ Gary Blakeley / 363: © Illustrated London News Ltd/Mary Evans / 365: Shutterstock/ Dan Kosmayer / 375: Shutterstock/Michael Kraus / 381: Shutterstock/Vkochkin999 / 387: ALAMY © Terry Harris/Alamy / 389: Getty/Chris Cole / 391: Shutterstock/ Germán Ariel Berra / 395: Press Association / 397: Getty/RubberBall Productions / 401: Shutterstock/Ju1978 / 405: Science Photo Library/RIA NOVOSTI / 406: Shutterstock/jmcdermottillo.

All other illustrations by Tim Brown

옮긴이 **신승미**

조선대학교 국어국문학과를 졸업했다. 6년 동안의 잡지 기자 생활과 전공인
국문학을 바탕으로 한 안정된 번역 실력으로 다양한 분야의 책을 번역하고 있다.
현재는 출판 번역 에이전시 베네트랜스에서 전속 번역가로 활동 중이다. 『나는
나부터 사랑하기로 했다』, 『살며 사랑하며 글을 쓴다는 것』, 『집에서도 행복할 것』 등
다수의 책을 옮겼다.

|한장의 지식| **심리학**

1판 1쇄 인쇄  2016년 12월 30일
1판 1쇄 발행  2017년 1월 12일

지은이  마커스 위크스
옮긴이  신승미
펴낸이  김영곤
펴낸곳  아르테

미디어사업본부 이사  신우섭
책임편집 신원제  인문교양팀 장미희  디자인 박대성  교정 장원
영업 권장규 오서영  프로모션 김한성 최성환 김선영 정지은

출판등록  2000년 5월 6일 제406-2003-061호
주소  (10881) 경기도 파주시 회동길 201(문발동)
대표전화  031-955-2100  팩스  031-955-2151  이메일  book21@book21.co.kr

ISBN 978-89-509-6861-8 03100
아르테는 (주)북이십일의 문학 브랜드입니다.

**(주)북이십일 경계를 허무는 콘텐츠 리더**

아르테 채널에서 도서 정보와 다양한 영상자료, 이벤트를 만나세요!
가수 요조, 김관 기자가 진행하는 팟캐스트 '[북팟21] 이게 뭐라고'
페이스북 facebook.com/21arte  블로그 arte.kro.kr
인스타그램 instagram.com/21_arte  홈페이지 arte.book21.com